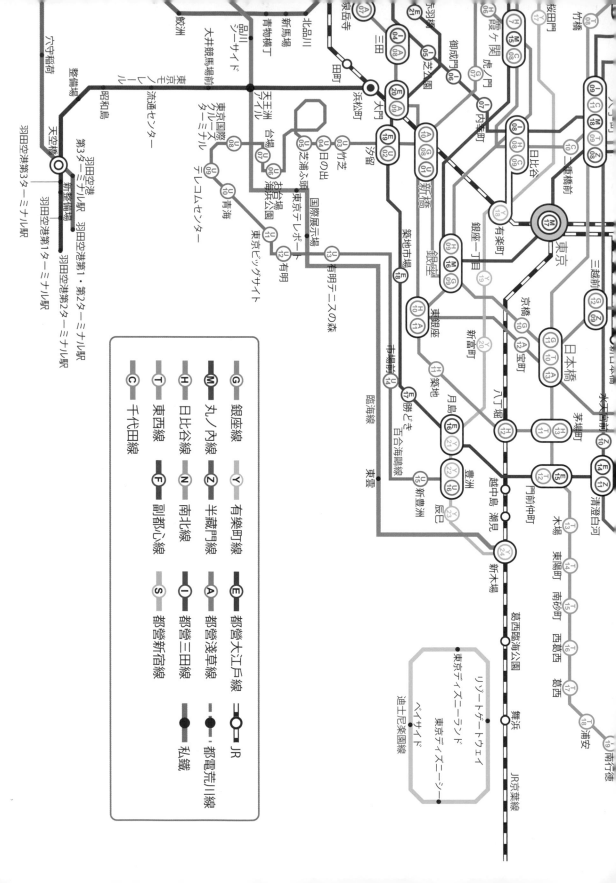

1.在表的左列找出出發地
2.找出表上列的目的地
3.兩列交錯處即是連結兩地的交通資訊

（左頁裁切）	六本木	築地市場	東京鐵塔	明治神宮	台場	井之頭公園	東京迪士尼
…R山手…駅轉…內線至霞ヶ關駅轉乘Metro日比谷線約14分…約17分	在東京駅搭Metro丸ノ內線至霞ヶ關駅轉乘Metro日比谷線約14分能達	在東京駅搭JR山手線(外回り)達新橋駅，從步行至汐留駅搭都營大江戶線約16分能達築地市場駅	在東京駅搭JR山手線(外回り)達濱松町駅，從步行至大門駅搭都營大江戶線約14分能達赤羽橋駅	在東京駅搭JR山手線(外回り)約25分能達原宿駅	在東京駅搭都營大江戶線至汐留駅搭百合海鷗號共約27分能達	在東京駅搭JR中央線約30分可達吉祥寺駅	在東京駅搭JR京葉線約16分能達舞濱
…約29 草橋駅	搭乘都營大江戶線，約9分能達	搭乘都營大江戶線，約20分能達築地市場駅	搭JR山手線(內回り)至代代木駅，共約13分能達赤羽橋駅	搭JR山手線(內回り)約13分能達原宿駅	搭JR山手線(外回り)達新橋駅搭百合海鷗號，約35分能達	搭JR中央線約20分可達吉祥寺駅	搭JR中央線至東京駅，轉搭JR京葉線，共約30分能達舞濱駅
…回り)至…tro銀…谷線約30分能達	搭乘都營大江戶線至霞ヶ關駅轉乘Metro日比谷線約30分能達六本木駅	搭…轉乘Metro日比谷線共約26分能達築地市場駅	搭JR山手線(內回り)至代代木駅，共約12分能達赤羽橋駅	搭JR山手線(內回り)約30分能達原宿駅	搭JR山手線(外回り)於新橋駅搭百合海鷗號，共約50分能達	搭JR中央線至東京駅轉搭JR中央線，共約30分能達吉祥寺駅	搭JR中央線至東京駅，轉搭JR京葉線，共約50分能達舞濱駅
共約6…	搭Metro日比谷線共約25分能達	搭Metro日比谷線共約13分能達築地市場駅	搭JR山手線(內回り)至濱松町駅，徒步至大門駅搭都營大江戶線約23分能達赤羽橋駅	搭JR山手線(內回り)約30分能達原宿駅	搭JR山手線(內回り)於新橋駅轉搭百合海鷗號，共約35分能達	搭JR山手線(內回り)至新宿駅轉搭JR中央線，共約29分可達吉祥寺駅	搭JR中央線至東京駅，再轉搭JR京葉線至舞濱駅，約33分能達
…約32分	搭Metro銀座線至青山一丁目駅轉搭都營大江戶線，共約10分能達	搭Metro銀座線至青山一丁目駅轉搭都營大江戶線，共約23分能達築地市場駅	搭JR山手線(外回り)達澀谷駅轉搭都營大江戶線，共約15分能達赤羽橋駅	搭Metro副都心線約2分能達明治神宮前駅	搭Metro銀座線至新橋駅轉搭百合海鷗號共約30分能達	搭JR山手線(外回り)至新宿駅，再轉搭JR中央線，約1小時能達吉祥寺駅	搭JR山手線(內回り)至東京駅轉搭JR京葉線，共約50分能達舞濱駅
…約17分	搭都營淺草線至大門駅，轉搭都營大江戶線，共約9分能達	搭Metro日比谷線共約14分能達築地市場駅	搭Metro銀座線至澀谷駅，轉搭都營大江戶線，共約19分能達赤羽橋駅	搭Metro銀座線至澀谷駅轉搭Metro千代田線，共約35分能達明治神宮前駅	搭Metro銀座線至新橋駅，轉搭百合海鷗號，約40分能達	搭Metro銀座線至澀谷駅，轉搭京王井の頭線，約40分能達井の頭公園駅	搭Metro日比谷線至上野駅，轉搭Metro銀座線至八丁堀駅再轉搭JR京葉線

轉車不求人 東京景點快速轉乘指南

主要觀光地	東京·丸之內	新宿	池袋	上野	渋谷	銀座	淺草
東京丸之內		在東京駅搭JR中央線，約14分能達	在東京駅搭Metro丸ノ內線約17分能達	在東京駅搭JR山手線(內回り)約8分能達	在東京駅搭JR山手線(外回り)約23分能達	在東京駅搭Metro丸ノ內線約3分能達	在東京駅搭JR線(內回り)於神田乘Metro銀座線能達
新宿	搭JR中央線，約14分能達東京駅		搭JR山手線(外回り)約9分能達	搭JR山手線(外回り)約24分能達	搭JR山手線(內回り)約6分能達	搭Metro丸ノ內線約16分能達	搭JR總武線於淺草轉搭都營淺草線淺草分能達
池袋	搭Metro丸ノ線17分能達東京駅	搭JR山手線(內回り)約8分能達		搭JR山手線(外回り)約15分能達	搭JR山手線(內回り)15分能達	搭Metro丸ノ內線約16分能達	搭JR山手線(外回り)上野駅，轉搭Metro銀座線共約30分能達
上野	搭JR山手線(外回り)約8分能達東京駅	搭JR山手線(內回り)約24分能達	搭JR山手線(內回り)約15分能達		搭Metro銀座線約27分能達	搭Metro銀座線約11分能達	搭Metro銀座線約分能達
渋谷	搭JR山手線(內回り)約23分能達東京駅	搭JR山手線(外回り)約6分能達	搭JR山手線(外回り)約15分能達	搭Metro銀座線約27分能達		搭Metro銀座線約15分能達	搭Metro銀座線能達
銀座	搭Metro丸ノ內線約3分能達東京駅	搭Metro丸ノ線約16分能達	搭Metro丸ノ內線約19分能達	搭Metro銀座線約11分能達	搭Metro銀座線15分能達		搭Metro銀座線約11分能達
淺草	搭Metro銀座線於神田駅轉乘JR山手線(外回り)約17分能達東京駅	搭都營淺草線於淺草橋駅轉搭JR總武線，約29分能達	搭Metro銀座線至上野駅，轉搭JR山手線(內回り)共約30分能達	搭Metro銀座線共約6分能達	搭Metro銀座線約32分能達	搭Metro銀座線約17分能達	

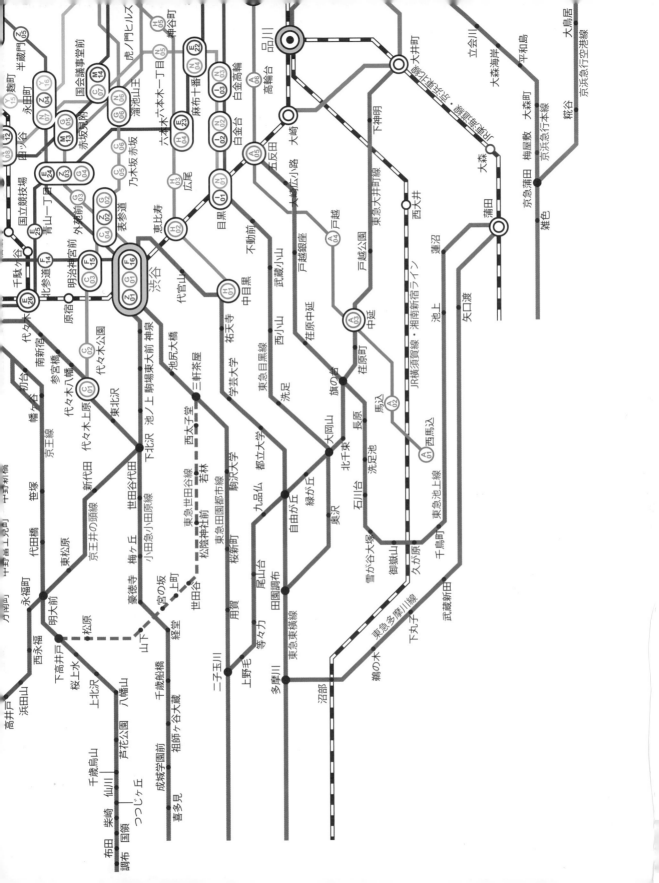

東京都內地鐵全圖

JR京浜東北線
JR埼京線

北赤羽
赤羽
浮間舟渡

十条
新板橋 (17)
(18)
板橋区役所前 (19)
板橋本町 (20)
本蓮沼 (21)
志村坂上 (22)
志村三丁目 (23)
蓮根 (24)
西台 (25)
高島平 (26)
新高島平 (27)
西高島平

成増 (F01)(Y01)
下赤塚
地下鉄成増 (F02)(Y02)
地下鉄赤塚 (F03)(Y03)
光が丘 (E38)
大泉学園
石神井公園
練馬高野台
富士見台
中村橋
練馬 (E35)
豊島園 (E36)
豊島園
和光市 (F01)(Y01)

巣鴨 (15)
西巣鴨 (16)
大塚
新大塚 (M24)
東池袋 (Y10)
池袋 (M25)(F09)(Y09)
雑司ヶ谷 (F10)
西早稲田 (F11)
要町 (Y08)(F08)
千川 (Y07)(F07)
小竹向原 (Y06)(F06)
氷川台 (Y05)(F05)
平和台 (Y04)(F04)
東武練馬
上板橋
ときわ台
中板橋
大山
下板橋
北池袋
椎名町
東長崎
江古田
新江古田 (E34)
新桜台
桜台
沼袋
野方
都立家政
下井草
井荻
上石神井
武蔵関

後楽園 (M22)(N11)
茗荷谷 (M23)
護国寺 (Y12)
江戸川橋 (Y13)
神楽坂 (T05)
早稲田 (T04)(Y11)
早稲田
牛込柳町 (E04)
牛込神楽坂 (E05)
若松河田 (E03)
東新宿 (F12)(E02)
西新宿 (F13)
新宿 (M09)(F12)
東新宿
西新宿三丁目 (E01)
新宿御苑前
新宿三丁目 (M10)
曙橋 (S04)
市ヶ谷 (N09)(S04)
四谷三丁目
九段下
神楽坂
飯田橋 (E06)(T06)(Y13)(N10)

高田馬場 (T03)
目白
新大久保
大久保
落合 (T02)
下落合
中井 (E32)
落合南長崎 (E33)
新井薬師前
中野 (T01)
中野坂上 (M06)
新中野 (M05)
東高円寺 (M04)
新高円寺 (M03)
東中野 (E31)(E30)
新宿西口 (E30)
都庁前 (E28)(E29)
西新宿五丁目
西新宿
高円寺
阿佐ヶ谷
荻窪 (M01)
南阿佐ヶ谷 (M02)
吉祥寺
井の頭公園
三鷹台
久我山
富士見ヶ丘
三鷹

新宿西口 (E08)
都庁前 (E27)(S01)

六本木	搭Metro日比谷線至霞ヶ關駅轉乘Metro丸ノ內線約14分能達東京駅	搭乘都營大江戶線，約9分能達	搭Metro日比谷線至霞ヶ關駅轉乘Metro丸ノ內線約30分能達	搭都營大江戶線至青山一丁目駅轉搭Metro銀座線，共約10分能達	搭Metro日比谷線共約9分能達	搭都營大江戶駅，轉搭都營淺草線約25分能達
築地市場	於築地市場駅搭乘都營大江戶線汐留駅至新橋駅轉搭JR山手線(內回り)約16分能達東京駅	於築地市場駅搭乘都營大江戶線，約20分能達	於築地駅搭Metro日比谷線至銀座駅轉乘Metro丸ノ內線，共約26分能達	於築地市場駅搭Metro大江戶線，約13分能達	於築地駅搭Metro日比谷線約14分能達	於築地駅搭Metro日比谷線轉乘Metro銀座線能達
東京鐵塔	於赤羽橋駅搭都營大江戶線至大門駅，徒步到浜松町駅轉搭JR山手線(內回り)約14分能達東京駅	於赤羽橋駅搭乘都營大江戶線，約13分能達	於赤羽橋駅搭都營大江戶線至大門駅，徒步到浜松町駅轉搭JR山手線(內回り)共約30分能達	於赤羽橋駅搭都營大江戶線至青山一丁目駅轉搭Metro銀座線，共約15分能達	於赤羽橋駅搭都營大江戶線至六本木駅轉搭Metro銀座線，共約19分能達	於赤羽橋駅搭都營大江戶線至大門轉搭都營淺草線約20分能達
明治神宮	在原宿駅搭JR山手線(內回り)約13分能達東京駅	在原宿駅搭JR山手線(外回り)約12分能達	在原宿駅搭JR山手線(外回り)約30分能達	在明治神宮前駅搭Metro副都心線約2分能達	在原宿駅搭JR山手線(外回り)約20分能達	在明治神宮前駅搭Metro千代田駅轉搭Metro線共約35分能達
台場	搭百合海鷗號至新橋駅，轉搭JR山手線(內回り)約27分能達東京駅	搭百合海鷗號至汐留駅轉搭都營大江戶線，約35分能達	搭百合海鷗號於新橋駅轉搭JR山手線(內回り)共約50分能達	搭百合海鷗號至新橋駅轉搭Metro銀座線，共約30分能達	搭百合海鷗號至新橋轉搭Metro銀座線，約20分能達	搭百合海鷗號至都營轉搭都營淺草線約30分能達
井之頭公園	在吉祥寺駅搭JR中央線，約27分可達東京駅	在吉祥寺駅搭JR中央線，約20分可達	在吉祥寺駅搭JR中央線至新宿駅轉搭JR山手線(外回り)，共約29分可達	在井の頭公園駅搭京王井の頭線至澀谷駅再轉搭Metro銀座線，約1小時能達	在井の頭公園駅搭京王井の頭線至澀谷駅轉搭Metro銀座線，約24分能達	從吉祥寺駅搭京王井の頭線至澀谷駅轉搭Metro銀座線，約40分可到
東京迪士尼	在舞浜駅搭JR京葉線約16分能達東京駅	於舞浜駅搭JR京葉線至東京駅再搭JR中央線，約30分能達	於舞浜駅搭JR京葉線至東京駅再搭JR中央線ノ丸ノ內線，共約30分能達	在舞浜駅搭JR京葉線至東京駅，約33分能達	在舞浜駅搭JR京葉線至東京駅，轉搭JR山手線(外回り)約50分能達	在舞浜駅搭JR京葉線至八丁堀駅，轉日比谷線搭日比谷線，約25分能達

搭Metro日比谷線，約13能達築地市場駅

搭都營大江戶線約3分能達赤羽橋駅

於築地市場駅搭都營大江戶線，約6分能達赤羽橋駅

於赤羽橋駅搭都營大江戶線，約3分能達

在原宿駅搭JR山手線(內回り)至惠比壽駅轉搭Metro日比谷線，共約15分能達築地市場駅

搭乘都營大江戶線至汐留駅轉搭百合海鷗號，約20分能達築地市場駅

搭乘都營大江戶線至汐留駅轉搭百合海鷗號共約35分能達

搭Metro日比谷線至惠比壽駅轉搭都營大江戶線，約6分能達赤羽橋駅

搭Metro日比谷線，轉搭都營大江戶線(外回り)共約15分能達赤羽橋駅

於赤羽橋駅搭都營大江戶線，至代木駅轉搭JR山手線(內回り)共約20分能達原宿駅

於築地市場駅搭都營大江戶線至汐留駅轉搭百合海鷗號約30分能達吉祥寺駅

搭百合海鷗號至新橋駅轉搭都營大江戶線至新宿駅轉搭JR山手線(外回り)共約40分能達原宿駅

於原宿駅搭JR山手線(外回り)至代木駅，轉搭JR中央線約30分能達吉祥寺駅

在吉祥寺駅搭JR中央線至新宿駅轉搭都營大江戶線，共約40分能達築地市場駅

於築地市場駅搭都營大江戶線至汐留駅轉搭百合海鷗號，共約30分能達

於赤羽橋駅搭都營大江戶線，至代木駅轉搭JR山手線(內回り)至新宿駅轉搭JR中央線，約40分能達吉祥寺駅

在原宿駅搭JR山手線(外回り)至新宿駅轉搭JR中央線約24分能達吉祥寺駅

搭百合海鷗號至新橋駅轉搭JR山手線(內回り)至代木駅轉搭JR中央線約40分能達吉祥寺駅

搭百合海鷗號至新橋駅轉搭JR中央線約40分能達吉祥寺駅

於吉祥寺駅搭JR中央線至新宿駅轉搭JR山手線(外回り)共約35分能達原宿駅

在井之頭公園駅搭京王井之頭線至明大前駅，轉搭京王線至澀谷駅，約1小時能達吉祥寺駅

搭百合海鷗號至新橋駅轉搭Metro銀座線至澀谷駅，再轉搭京王井之頭線，約1小時能達井の頭公園駅

在井之頭公園駅搭京王井之頭線至澀谷駅，再轉搭Metro銀座線至新橋駅轉搭百合海鷗號約40分能達汐留駅

於原宿駅搭JR山手線(內回り)至代木駅轉搭JR中央線約24分能達吉祥寺駅

於築地市場駅搭都營大江戶線至代木駅轉搭JR中央線，共約40分能達吉祥寺駅

於赤羽橋駅搭都營大江戶線，至代木駅，轉搭JR中央線，共約40分能達吉祥寺駅

搭百合海鷗號至新橋駅轉搭JR中央線，再轉搭京王井之頭線，約50分能達吉祥寺駅

在原宿駅搭JR山手線(內回り)至新木場駅，轉搭Metro有樂町線，約50分能達舞浜駅

於舞浜駅搭JR京葉線至八丁堀駅，轉搭Metro日比谷線，約30分能達築地市場駅

在舞浜駅搭JR京葉線至新木場駅，轉搭Metro有樂町線到月島駅，再轉搭都營大江戶線，約50分能達赤羽橋駅

於舞浜駅搭JR京葉線至東京駅，轉搭JR中央線，共約1小時能達吉祥寺駅

舞浜駅搭JR京葉線至京王井之頭線的井之頭公園駅，轉搭JR中央線至東京駅，轉搭JR京葉線，共約1小時能達井の頭公園駅

在舞浜駅搭JR京葉線至八丁堀駅，轉搭Metro日比谷線，約15分能達舞浜駅

搭JR京葉線至東京駅，轉搭JR中央線，共約30分能達吉祥寺駅

※本表提供的轉乘資訊為一般最容易了解的方法，並非代表最短距離、最短時間即能到達之方式。

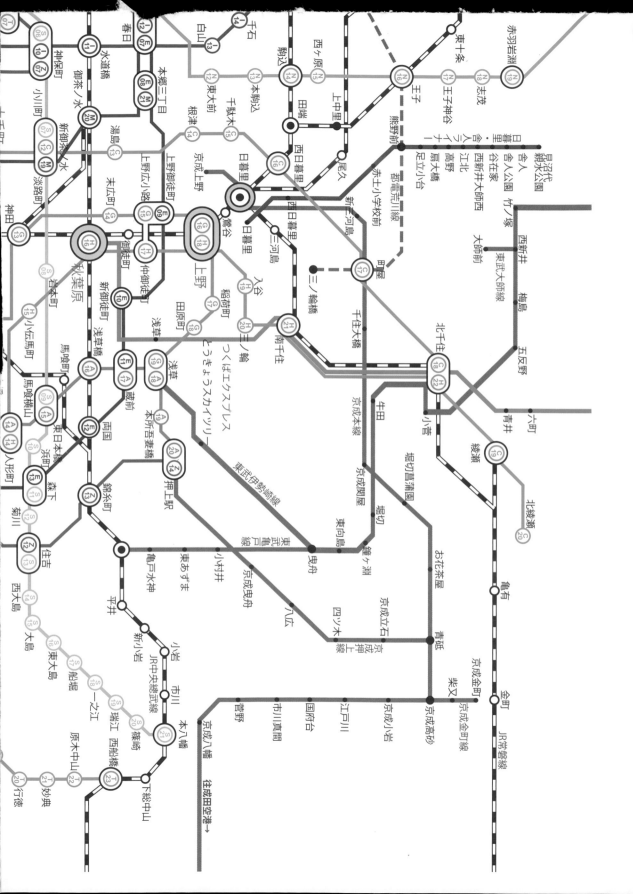

MO⊙K no.078
地圖隨身go

東京地鐵
Tokyo
Metro

地圖快易通

超實用
地鐵
11
×
不迷路
地圖
42
×
自由行
路線
5

2023
~
2024

no.078 地圖隨身GO

東京地鐵
地圖快易通
2023~2024
Tokyo metro

本書所提供的各項可能變動性資訊，如交通、時間、價格(含票價)、地址、電話、網址，係以2023年07月前所收集的為準；特別提醒的是，COVID-19疫情期間這類資訊的變動幅度較大，正確內容請以當地即時標示的資訊為主。如果你在旅行中發現資訊已更動，或是有任何內文或地圖需要修正的地方，歡迎隨時指正和批評。你可以透過下列方式告訴我們：
寫信：台北市104中山區民生東路二段141號9樓MOOK編輯部收
傳真：02-25007796
E-mail：mook_service@hmg.com.tw
FB粉絲團：「MOOK墨刻出版」www.facebook.com/travelmook

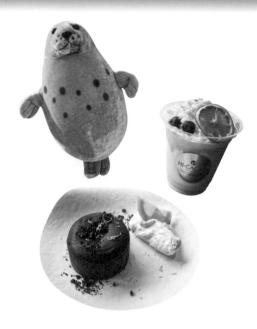

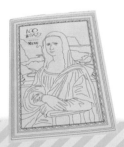

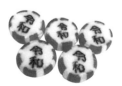

如何使用本書

本書標註的景點內容、開放時間、餐廳地址、相關價格皆於2023年7月全面普查，但仍有可能隨時變動，正確資訊需以當地景點、商店及餐廳公布為準。如有資訊變更，歡迎讀者提出指正，我們將於再版時更新正確訊息。

介紹該地鐵線的特色。

將該線重要的地鐵站做介紹。

附上景點介紹和建議參觀時間，貼心度百分百。

由達人帶你Stop by stop玩該地鐵線上的重要景點，循站拜訪毫無遺憾。

如何使用本書

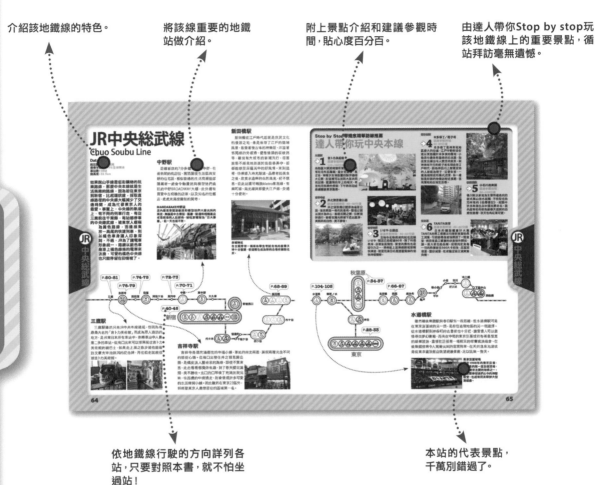

依地鐵線行駛的方向詳列各站，只要對照本書，就不怕坐過站！

本站的代表景點，千萬別錯過了。

地圖ICONS使用説明

◎景點	Ⓗ飯店	公車站
博物館	✝教堂	乘船處
公園	學校	麵類
商店	劇院	和菓子
異國美食	政府機關	洋菓子
日式美食	咖啡廳	百貨商場
酒吧	❶旅遊服務中心	地圖

本書依地鐵線→重要地鐵站→必訪景點逐步介紹。

針對景點中特別典故做更深入的介紹。

景點、美食、購物等介紹，依照編號與地圖對應，找路更方便。

右邊邊欄依序標出該地鐵線的重要停靠站，方便尋找翻閱。

景點必訪原因，加上圖説告訴你這樣玩更精彩。

掃一掃地圖QR CODE，帶你前往目的地。

內文介紹用紅字higlight，讓你秒抓重點！

書中資訊ICONS使用説明

- **電話**：如果要前往需事先預約的景點或是人氣排隊店，可打電話預約或確認。
- **傳真**：可直接以傳真方式向飯店預約即時訂房。
- **地址**：若店家均位於同一棟大樓或同一家商場，僅列出大樓名稱及所在樓層。
- **時間**：顯示景點和店家的營業時間。
- **休息日**：如果該店家沒有休市日就不列出。
- **價格**：到該餐廳用餐的平均消費。
- **交通**：在大區域範圍內詳細標明前往景點或店家的交通方式。
- **網址**：出發前可先上網認識有興趣的店家或景點。
- **特色**：提供景點或店家的優惠訊息與特殊活動的時間。
- **注意事項**：各種與店家或景點相關不可不知的規定與訊息。

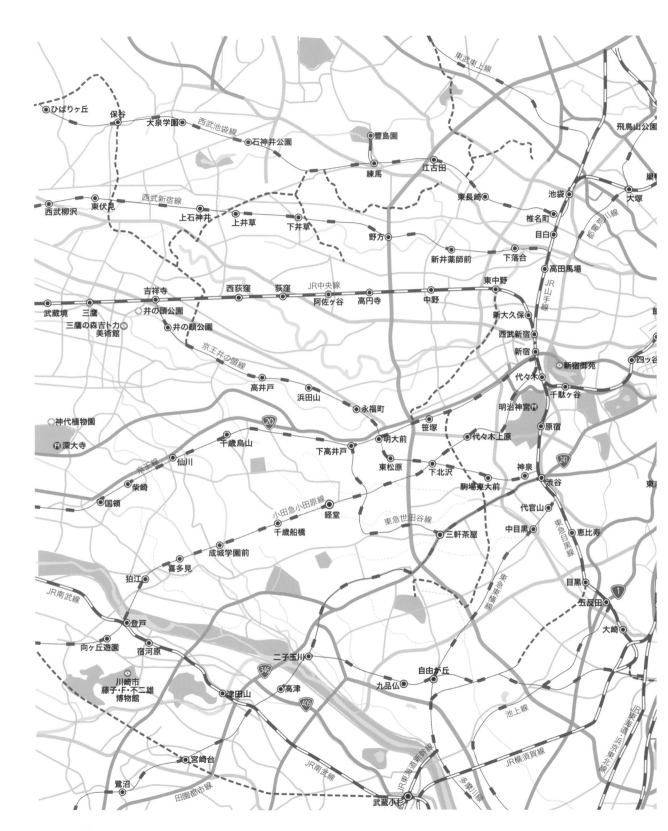

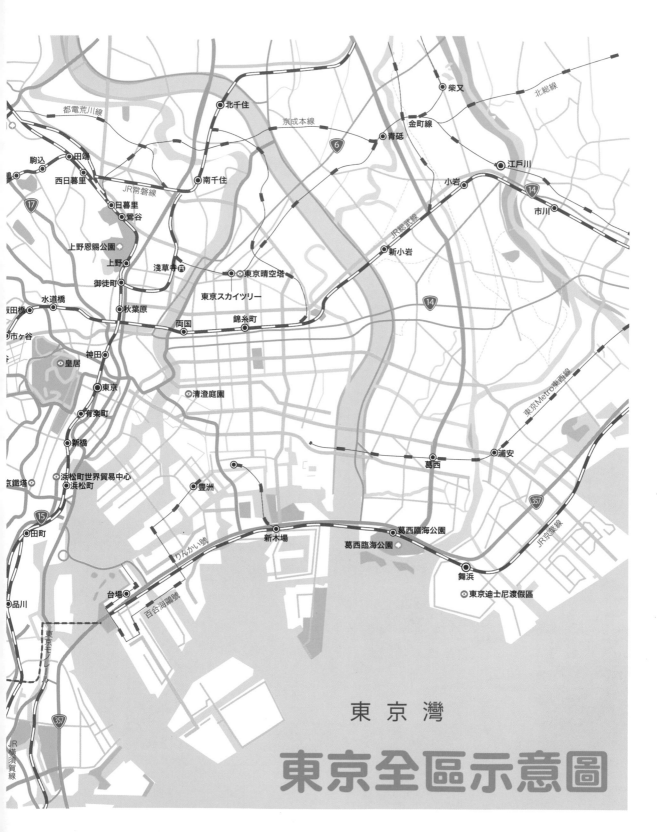

東京灣

東京全區示意圖

東京地鐵大解析

文・圖／墨刻編輯部

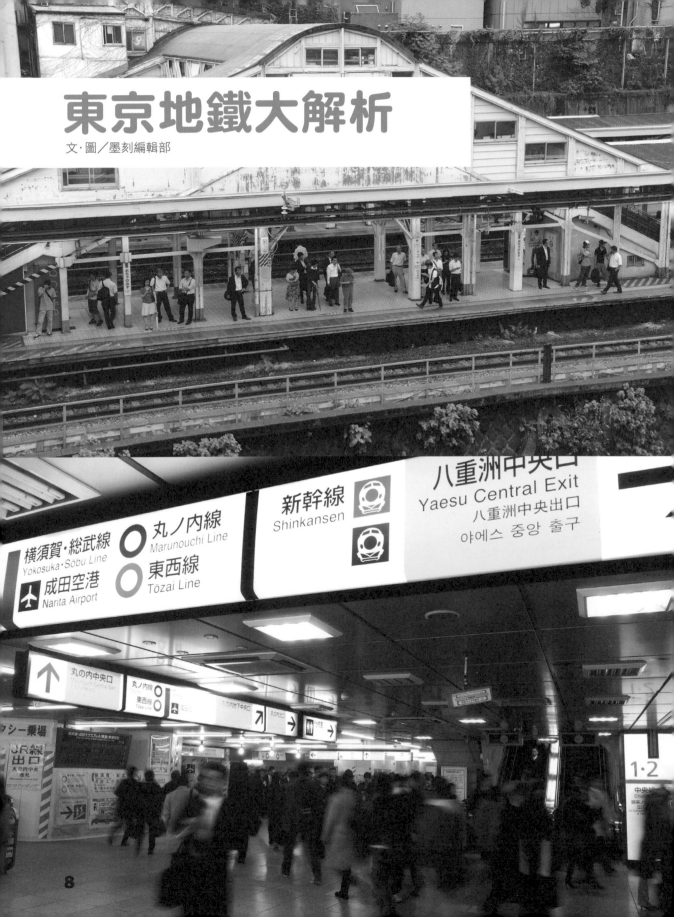

鐵道路線介紹

JR東日本

🌐 www.jreast.co.jp
☎ 0180-993-900

　　JR(Japan Rail)原本指的是日本國營鐵路，但政府不堪長期的虧損，於是將JR民營化，而依日本各個區域，分別成立JR東日本、JR東海、JR西日本、JR北海道、JR九洲、JR四國等幾個民營公司。東京是屬於東日本的營業範圍，我們在東京都內最常利用到的就是山手線與中央・総武線了。

➜山手線

重要車站：東京、新橋、品川、目黑、恵比寿、澀谷、原宿、新宿、池袋、上野、秋葉原

　　有著醒目綠色車箱的山手線，是日本第一條環狀線，串連了東京所有人氣地區，從下町風情到流行尖端，每個站都各自擁有獨特的街區調性，因此被認為是遊逛東京的旅客們最常使用的交通路線，也是認識東京的第一步。

➜中央・總武線

重要車站：東京、飯田橋、新宿、中野、吉祥寺、三鷹

　　有著橘色線條車箱外觀，中央總武線是從東京前往新宿的捷徑。此路線在通過中野駅前為快車，只停靠了4站，而過了中野駅後則改為每站都停的普通車，可通往吉祥寺、三鷹。

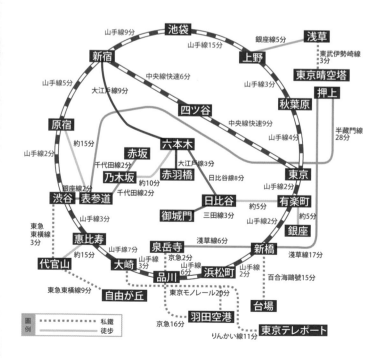

東京Metro

🌐 www.tokyometro.jp
☎ 03-3941-2004

　　東京的地下鐵系統，大部分都是屬於東京Metro系列的路線。四通八達的東京Metro路線總共有9條是串聯都心交通最方便的地鐵路線，以下則就最常利用的5條路線進行説明。

➜丸之內線

重要車站：新宿、赤坂見附、銀座、東京、後楽園、池袋

　　丸之內線從池袋連向東京駅，再經由新宿延伸至荻窪，全線有13個站能與其他線相構，將東京都內許多重要大站都連結起來，尖峰時刻每1分50秒就有一班車，是日本班次最密集的一條線路。

➜銀座線

重要車站：澀谷、表参道、赤坂見附、新橋、銀座、日本橋、上野、淺草

　　行駛於澀谷與淺草之間的銀座線早在1939年就已經全線通車，是東京的第一條地下鐵。由於路開得早，開挖並不深，車站反而比JR、東急等電車站還要高一個樓層。銀座線貫穿東京的精華區，悠久歷史充滿懷舊風情。

➜日比谷線

重要車站：恵比寿、六本木、銀座、秋葉原、上野

　　日比谷線往來於北千住與目黑之間，所經的車站諸如上野、銀座、六本木等，都是精采無比的重點區域。另外，對要轉搭京成電鐵或是往來成田機場的旅客，算是一條很方便的路線。

➜副都心線

重要車站：澀谷、新宿三丁目、池袋

　　東京Metro當中最新的一條線，在2008年6月開通，主要目的是疏散澀谷到池袋間的人潮，因此經

9

電車痴漢VS女性車廂

電車痴漢指的是在電車尖峰時段趁亂對女性毛手毛腳的人。為了保護女性，東京部分路線設有女性專用車廂，但其僅限於早上的交通尖峰時段，少部份另外有深夜時段，所以在該時段以外的時間，其實男性也可搭乘女性專用車廂。因此，在其他時段看到有男性搭乘女性專用車廂也無須感到驚訝。

過不少大站如澀谷、明治神宮前、新宿三丁目、池袋等，過池袋後則和有樂町線一路共線到和光市。

➤千代田線

重要車站：明治神宮前、表參道、赤坂、根津、千駄木

連接西南方的代代木上原和東北方的北綾瀨，綠色的千代田線，經過明治神宮(原宿附近)、赤坂和根津和千駄木駅一帶的谷根千地區，過了代代木上原後則與小田急線直通運轉抵達下北澤，最遠可到唐木田、本厚木一帶。

都營地下鐵

🌐 www.kotsu.metro.tokyo.jp
☎ 03-3816-5700

都營地下鐵和東京Metro同屬地下鐵系統，包括大江戶線、淺草線、三田線和新宿線，其中觀光利用度較高的是大江戶線和淺草線。

➤大江戶線

重要車站：都庁前、六本木、汐留、築地市場、月島、飯田橋

由於都營大江戶線在全線38個站之中，就有21個站是與其他線相連，將原本分散的地鐵、私鐵路線整合起來，被視為東京繼JR山手線之後，第二條環狀交通動脈。

➤淺草線

重要車站：淺草、日本橋、東銀座、新橋

連接了東京西區的淺草一帶的淺草線，沿途不少站都可以和其他鐵路相互轉乘，十分方便。另外，淺草線在泉岳寺站和京急線直通運轉，可直通羽田機場；另一側的押上站則與京王押上直通運轉可以前往成田機場。

都營路面電車：都電荒川線

重要車站：早稻田、三ノ輪橋、王子站前

同屬都營經營的都電荒川線，是東京都內目前現存的唯二條路面電車。以單一車廂行駛，平均時速只有13公里的都電，在瞬息萬變的東京，可說是懷舊情趣的代表風景，讓人可以更貼近東京在地的古早生活樣貌。

私營電車

➤京王井之頭線

🌐 www.keio.co.jp
☎ 042-357-6161

重要車站：吉祥寺、井之頭公園、下北澤、澀谷

行駛於澀谷與吉祥寺之間的井之頭線，名字的由來便是吉祥寺的著名景點井之頭恩賜公園。除了有吉祥寺的雜貨之外，另外下北澤更是深受日本學生喜歡的購物天堂，藉由這條線，不只有自然公園，購物也一定能被大大滿足。

➤東急東橫線

🌐 www.tokyu.co.jp
☎ 03-3477-0109

重要車站：澀谷、代官山、中目黑、自由が丘、橫濱

來往東京都內與郊區橫濱之間的東急東橫線，連結了兩個總是走在時尚尖端的區域「澀谷」與「港區21」，而沿途盡是高級住宅區，要看東京時尚一族，搭這線就對了。另外急行列車並沒有停代官山，搭車時需留意一下。

NTTBP

遊日必備APP QUICK TIPS

如何利用深受日本旅遊達人好評的免費 Wi-Fi 呢

您知道有一款應用程序可以自動連接到日本各地的免費 Wi-Fi 熱點嗎？由日本第一大電信商所提供的這款應用程序不但免費、安全、且方便，受到不少旅日達人、網紅們的關注與使用。無論是否已準備好 Wi-Fi 分享器、儲值 SIM 卡或手機漫遊都可下載「Japan Wi-Fi auto-connect」這款 App 以備不時之需。

Japan Wi-Fi auto-connect 陪您一路分享美好的日本。

> **搜尋、連接免費 Wi-Fi**

> **自動連接、超簡單！**

> **全日本 100,000 多個 Wi-Fi 熱點，包括機場、車站、巴士和商場等**

Japan Wi-Fi auto-connect

立即下載 FREE 免費

GET IT ON Google Play　Download on the App Store

優先席VS讓座

優先席就是我們的博愛座，通常椅子的顏色會不一樣，座位上方也會有清楚標明。為了怕電波干擾使用心臟輔助器的乘客，優先席附近按規定需要關閉手機電源。東京是高齡化的社會，所以在車上常會見到長者，但這時候是否要讓座呢？放眼四周的年輕人個個不為所動，其實有的長者對於被讓座覺得是羞恥，所以讓座這件事要看情況。基本上，站不穩的老人、傷者、孕婦、抱小孩的家長都是需要發揮同理心讓座的對象。

➡百合海鷗號線 百合海鷗 ゆりかもめ

🌐 www.yurikamome.co.jp 📞 03-3574-0821

重要車站：汐留、台場、青海、豐洲

連接台場地區的交通幹線，沿著高架列車軌道，由汐留一帶的超高樓群穿行到濱海港灣，沿途繞行台場區域的各大景點，大扇車窗外的各站風景，就已是觀光的一部份。

➡東武伊勢崎線 東京スカイツリーライン

🌐 www.tobu.co.jp

📞 03-5962-0102

重要車站：淺草、押上(スカイツリー前)、北千住、東武動物公園、館林、伊勢崎

從東京都的淺草，經由栃木，再到群馬東部的伊勢市，東武伊勢崎線是東武鐵道最早開業的一條路線，一開始只有北千住到久喜間，其中經過多次擴建才有現今的規模。從東京都內搭此線至東武動物公園可轉搭東武日光線。

車班種類

除了地下鐵和東京Metro是每站皆停之外，不管是JR還是各大私鐵，幾乎都會依照電車運行速度(或停靠站多寡)來區分出電車的種類：

各停／普通列車

類似台灣說的慢車，每一站皆停靠之意。優點是不易坐過站，但缺點就是浪費時間。

快速／急行／準急列車

可事先看清楚月台上的車種表或是向站員詢問，確認是否停靠。

JR特急列車

JR特急列車是比一般的快速列車更快能到達目的地的列車，相對的停靠的站數就更少了。要搭乘JR特急列車除了進出車站的乘車券之外，還需要另外購買特急券或指定席券。

JR寢台列車

屬於有臥舖的列車。通常都是長距離移動時才會利用本列車。不只可以利用夜晚趕路，也能節省一晚的旅館住宿費，更能體會夜宿列車的樂趣。

新幹線

時速200~300公里的超快速列車，適合做長距離移動時的交通工具。沿途可享受在速度感中欣賞各地景色，雖然票價高昂，但在時間有限的行程中以金錢換取時間，也不失為一種聰明玩法。

自動售票機購票步驟

自動售票機

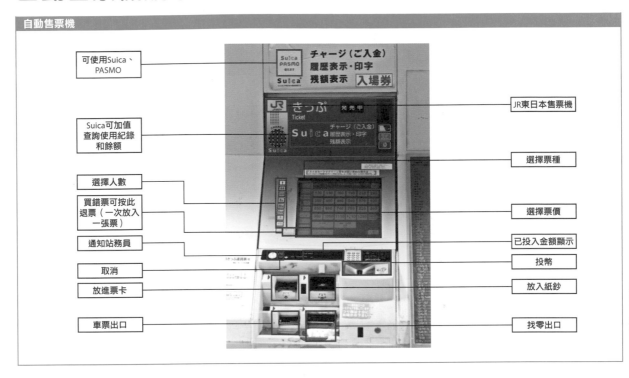

可使用Suica、PASMO

Suica可加值查詢使用紀錄和餘額

選擇人數

買錯票可按此退票（一次放入一張票）

通知站務員

取消

放進票卡

車票出口

JR東日本售票機

選擇票種

選擇票價

已投入金額顯示

投幣

放入紙鈔

找零出口

1 販賣機上方通常都會有電車票價圖，找出你要的目的地標示，下方會有寫所需價錢。

2 將銅板或紙鈔投進去，機器會顯示票價（機器上有標示￥1000、￥2000、￥5000、￥10000，就代表可以使用￥1000以上的鈔票，但部份機器只接受￥1000鈔票）。

3 按下你的目的地票價即可。

4 取出票券以及找零。

如何搭乘地鐵

1　購買車票
看好路線表上的價錢後，可以直接在自動售票機購票。如果覺得不會用，可以到綠色窗口用簡單的英文或紙筆購買。持SUICA或PASMO的人則不需再買票。

2　進站
將車票放進改札口，如果有特急券的話可能會有2張甚至3張票，一次放進改札口後，通過取票即可。持SUICA或PASMO的人則感應票卡即可。

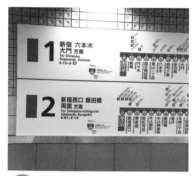

3　尋找月台
知道搭乘路線後，循標示可以找到正確的月台。

4　確認車次
月台上的電子看板會顯示車次相關資訊，記得看清楚免得搭錯車。

5　確認等車的位置
雖然各地標示不同，但月台上都會有指標告訴你各種列車停車的位置。普通列車可自由從各車廂上下車。如果是自由席／指定席的話記得找到該車廂。而車輛編列的不同也會影響乘車位置，要注意。

6　乘車
一般電車、如山手線等普通列車，可自由從任何車箱上下車。如果有指定席的話，要找到自己的座位，按照位置上的編號坐下。持普通車票無法乘坐對號車，要注意別上錯車了。

7　確定下車站
大多的列車上會有電子看板顯示，記得下車站名的漢字就沒問題。另外到站前車內也會有廣播，不過除了往來機場的列車之外，一般車都只有日文廣播，熟記下車站的發音也可以避免下錯車站。

暢行東京的悠遊卡，Suica & PASMO

東京都內的各交通系統從2000年開始就陸續合作。2013年開始，Suica & PASMO與日本其它鐵道交通儲值卡，如Kitaca、TOICA、manaca、ICOCA、PiTaPa、SUGOCA、nimoca等在乘車功能上可互相通用，一張卡幾乎就可以玩遍日本。

Suica：🌐 www.jreast.co.jp/tc/pass/suica.html
PASMO：🌐 www.pasmo.co.jp/buy/

Suica & PASMO

特色

為類似台北捷運悠遊卡的儲值卡，同時並能作為電子錢包使用。雖然票價並沒有優惠，但因為可以自由換乘各線，乘坐區間廣，還能幫使用者直接算好複雜票價，仍廣泛受觀光客和本地人愛用。

❶ 因應世界半導體不足，不記名的Suica與PASMO卡暫停販售，但適用於短期訪日的Welcome Suica繼續販售，功能與Suica大致相同，且無須押金，使用期限為購買日開始28日內。可在成田、羽田機場，及東京都內主要JR服務窗口購買。

範圍

Suica和PASMO均可在首都圈自由搭乘地下鐵、JR、公車等各種交通工具。除此之外，Suica另外還可用於JR九州、JR西日本、JR北海道、福岡交通局等區域，買一張以後去別的地方旅行也能用。

購買方式

Suica在JR東日本各車站的自動售票機和綠色窗口都能購買。自動購票機並非每台有售，要找有標明「Suica發売」或「カード」(卡)的機器購買。

PASMO在各私鐵、地下鐵和公車站均可購買，自動售票機的話，一樣找有標明「PASMO發売」或「カード」(卡)者。

價格

Suica與PASMO包括￥1000、￥2000、￥3000、￥4000、￥5000、￥10000幾種金額，其中內含￥500的保證金。

加值

在各車站有寫PASMO／Suicaチャージ(charge)的自動售票機都可以按指示加值，最高可加值￥20000。原則上PASMO與Suica在不同鐵道公司的加值機都可以加值，不用擔心。

加值方式

1 放入Suica，螢幕會顯示卡片剩餘金額　　**2** 放入紙鈔

3 選擇要加值的金額　　**4** 取回Suica

退票

在JR東日本各站綠色窗口(Suica)和各地下鐵和私鐵辦公室(PASMO)可辦理退票。取回金額是餘額扣除￥220手續費後再加上￥500保證金。如果餘額低於￥220就直接拿回￥500。但由於卡片是10年都沒用才會失效，所以許多人都不退票，而是把卡片留著，等下一次赴東京旅遊時再繼續使用。

自動精算機

如果卡片中的餘額不足，無法通過改札口，必須在精算機精算出餘額，也可以直接在精算機加值。

聰明用途

可以在便利商店結帳、寄放行李、購買販賣機飲料和在餐廳結帳等，在標明Suica或PASMO符號的地方均可使用，相當方便。

東京地區共通票券

　　除了單次買票，東京地區複雜的交通，也衍伸出結合不同交通系統的各式票券，方便旅客們配合行程使用。以下，將介紹東京都內各種方便的儲值或優惠票券。

東京Metro 24小時券
東京メトロ24時間券

坐多遠：東京Metro 9線的全部區間。沿線部份店舖及設施出示票券可享優惠。

哪裡買：當天可在東京Metro各站的自動售票機購買，也可在東京Metro的定期券うりば(定期券販賣所)購買前售票。

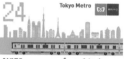

多少錢：成人￥600，兒童￥300。

東京Metro・都營地下鐵共通一日乘車券
東京メトロ・都営地下鉄共通一日乗車券

坐多遠：東京Metro 9條加上都營地下鐵4條的全部區間。

哪裡買：東京Metro和都營地下鐵各站的自動售票機，也可在東京Metro的定期券うりば(定期券販賣所)和都營地下鐵各站的事務所購買前售票。

多少錢：成人￥900，兒童￥450。

東京自由通票
東京フリーきっぷ

坐多遠：東京23區內JR全線普通列車、東京Metro、都營地下鐵、都電和巴士等均可免費搭乘，是所有特殊乘車票中乘坐範圍最廣的。

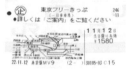

哪裡買：各交通系統均有售，各站窗口也販賣前售票。但各站售票狀況不同，自動售票機也不多，找不到時請詢問站務員。

多少錢：成人￥1,600，兒童￥800。

百合海鷗號一日乘車券
ゆりかもめ一日乗車券

坐多遠：可自由搭乘百合海鷗號全線。

哪裡買：百合海鷗號各站的自動售票機可直接購買當日券，前售券則須至新橋站、豐洲站的各站窗口購買。

多少錢：成人￥820，兒童￥410。

都營一日乘車券
都営まるごときっぷ(一日乗車券)

坐多遠：可搭乘都營系列的所有交通工具；包括都營地下鐵、都營巴士、都電、日暮里・舍人Liner等。沿線部份店舖及設施出示票券可享優惠。

哪裡買：都營地下鐵和相關交通系統的自動售票機可直接購買當日券。前售券可於各相關交通系統的窗口購買。

多少錢：成人￥700，兒童￥350。

都營地下鐵一日PASS
都営地下鉄ワンデーパス

坐多遠：都營地下鐵依照季節會推出期間限定的一日PASS，乘車時間限定週六日和例假日，乘車範圍為都營地下鐵的四條路線，如果配合行程得當，相當划算。

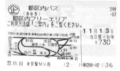

哪裡買：都營地下鐵各站(除押上、目黑、白金台、白金高輪及新宿線新宿站)均有售。

多少錢：成人￥500，兒童￥250。

都區內PASS
都区内パス

坐多遠：當日可自由搭乘東京23區內各JR線的普通和快速列車自由席，除了NOZOMI之外，也可加價搭乘新幹線和特急列車。

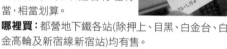

哪裡買：JR東日本主要站的綠色窗口，JR EAST Service Center等。

多少錢：成人￥760，兒童￥380。

都電一日乘車券
都電一日乗車券

坐多遠：當日可自由搭乘都電荒川線全線。

哪裡買：荒川電車營業所和都電各站可購買前售券與當日券，當日券也可直接在車上購買。購票另有沿線部分景點優惠。此外，車上也可以直接用Suica或PASMO扣款購買一日券，只是這樣不享其他優惠。

多少錢：成人￥400，兒童￥200。

從機場進入東京

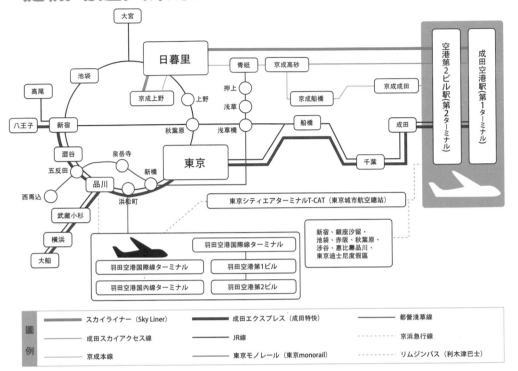

圖例

スカイライナー（Sky Liner）	成田エクスプレス（成田特快）	都營淺草線
成田スカイアクセス線	JR線	京浜急行線
京成本線	東京モノレール（東京monorail）	リムジンバス（利木津巴士）

成田機場→東京市區

JR東日本

🌐 www.jreast.co.jp，www.jreast.co.jp/multi/zh-CHT/nex（中文）

　　JR東日本提供兩條路線往返機場與市區，一條是成田特快列車N'EX，另一條是時間較長，票價也較便宜的總武本線快速列車。一般觀光客較常利用的是省時舒服、也方便大型行李的成田特快列車N'EX。

路線名	目的地	時間	價格
成田特快列車 N'EX	東京	約56分	¥3070
	品川	約64分	¥3250
	澀谷	約75分	¥3250
	新宿	約81分	¥3250
	橫濱	約110分	¥4370

註：6-12歲兒童半價

◎**優惠車票**：N'EX東京去回車票

　　成田特快列車N'EX推出針對外國觀光客的特別組合套票，內容為N'EX來回票。普通車廂來回票為¥6140，但N'EX東京去回車票只要¥4070即能在14天內搭乘去程與回程各一趟。

價格：N'EX東京去回車票¥4070；6-12歲兒童¥2030。

售票處：抵達日本後可在成田機場第一、第二和第三航廈的JR東日本旅遊服務中心(JR EAST Travel Information Center)，出示護照和回程機票後購買。

網址：www.jreast.co.jp/tc/pass/nex_round.html

注意：若目的地並非N'EX停靠站，只要不出站，即可另外轉乘JR普通車至指定區域中任一站下車。(範圍在大東京區域，詳見官網)

京成電鐵

🌐 www.keisei.co.jp，www.keisei.co.jp/keisei/tetudou/skyliner/tc/(中文)

　　京成電鐵的Skyliner是連結成田機場與市區的特急列車，既便利又舒適，最高時速可達160km/h，由成田機場至都心區最快只需36分。除了Skyliner，不論是能直接前往押上(SKYTREE)、淺草、東銀座、日本橋的ACCESS特急(アクセス特急)，或是班次選擇多元又較便宜的京成本線特急列車，都能符合各乘客的需求快速地前往市區。

◎**路線與價格指南**

路線名	目的地	時間	大人	6-12歲
Skyliner	日暮里	約40分	¥2570	¥1290
	上野	約46分	¥2570	¥1290
ACCESS特急	押上	約60分	¥1190	¥600
	日暮里	約53分	¥1270	¥640
	上野	約60分	¥1270	¥640
	品川	約78分	¥1550	¥780

◎**優惠套票**：Keisei Skyliner & Tokyo Subway Ticket

此套票可分為Skyliner單程、去回兩種，再各自搭配一天、二天、三天地下鐵乘車券，價格不同，讓人可以依自己的行程搭配使用。可在Skyliner售票窗口售票處購買，部分台灣旅行社也有代售。

價格：Skyliner單程+地下鐵24小時券￥2840，Skyliner單程+地下鐵48小時券￥3240，Skyliner單程+地下鐵72小時券￥3540。Skyliner來回+地下鐵24小時券￥4780、Skyliner來回+地下鐵48小時券￥5180、Skyliner來回+地下鐵72小時￥5480；6-12歲兒童半價。

售票處：抵達日本後可在成田機場第一和第二航廈的Skyliner售票處，出示護照即可購買。

注意：於台灣旅行社購買的票券，需先至Skyliner售票處換成搭車時用的車票。

利木津巴士 リムジンバス
🚌 webservice.limousinebus.co.jp/web/
◎**路線與價格指南**

路線名	目的地	時間	價格
利木津巴士	新宿地區	約85~145分	￥3200
	T-CAT(東京城市航空總站)	約60分	￥2800
	日比谷地區	約75~140分	￥3200
	銀座地區	約75~130分	￥3200
	澀谷地區	約75~125分	￥3200
	汐留・台場地區	約60~155分	￥3200

註：兒童半價
◎**優惠套票**：Limousine & Subway Pass

東京Metro、都營地下鐵一日和利木津巴士單程或來回票的組合套票。

價格：單程+地下鐵24小時券￥3400、來回+地下鐵48小時券￥5700、來回+地下鐵72小時券￥6000；6-12歲兒童半價。

售票處：可在成田機場抵達大廳的案內所(二、三日券的套票日本只在機場販售)、新宿車站西口和T-CAT 3樓的利木津巴士櫃台購買。

羽田機場→東京市區
東京單軌電車 東京モノレール
🚃 www.tokyo-monorail.co.jp/tc(中文)

連接羽田機場與JR山手線上濱松町駅；分為機場快速線、區間快速線與普通車三種，價格都一樣，搭乘機場快速線最短時間為13分。

◎**路線與價格指南**

路線名	目的地	時間	價格
機場快速線	濱松町	約13分	￥500
區間快速線	濱松町	約15分	￥500
	天王洲島	約11分	￥350
普通車	濱松町	約17分	￥500

◎**優惠套票**：モノレール&羽割往復きっぷ

羽田機場往返濱松町站的優惠票券，包含去程、回程兩張單程票，大人￥800、6歲~未滿12歲￥400，售票10日內有效，不可中途下車。從機場內的自動售票機即可購買。

京急電鐵
🚃 www.haneda-tokyo-access.com/tc//(中文)

連接羽田機場與JR山手線上的品川駅，因為與都營地下鐵直通運行，因此也可以不換車一路前往新橋、日本橋、淺草。

◎**路線與價格指南**

路線名	目的地	時間	價格
京急電鐵	品川	約14分	￥300
	日本橋	約33分	￥570
	淺草	約47分	￥570
	押上(東京晴空塔)	約38分	￥570
	橫濱	約28分	￥370

◎**優惠套票**：羽田機場往復券

京急電鐵從羽田機場到都營地下鐵各站間的來回票，在9天內有效，且在特定期間販售。

價格：大人￥900，小孩￥450。

售票處：都營地下鐵各站(押上、目黑、白金台、白金高輪、新宿線新宿除外)、羽田機場國內線航廈。

利木津巴士 リムジンバス
🚌 webservice.limousinebus.co.jp/web/
◎**路線與價格指南**

路線名	目的地	時間	大人	6~12歲
利木津巴士	T-CAT(東京城市航空總站)	約45~60分	￥900	￥450
	澀谷區	約30~70分	￥1100	￥550
	新宿地區	約35~75分	￥1300	￥650
	池袋地區	約35~115分	￥1300	￥650
	台場	約15~45分	￥700	￥350
	東京迪士尼樂園度假區	約25~60分	￥1000	￥500

◎**優惠套票** Limousine & Subway Pass

東京Metro、都營地下鐵一日和利木津巴士單程或來回票的組合套票。

價格：單程+地下鐵24小時券￥1800、來回+地下鐵48小時券￥3200、來回+地下鐵72小時券￥3500；6-12歲兒童半價。

售票處：可在羽田機場抵達大廳的案內所(二、三日券的套票日本只在機場販售)、新宿駅西口和T-CAT 3樓的利木津巴士櫃台購買。

如何安排一趟不留遺憾的東京小旅行呢？
在有限的假期中，如何有效地規劃行程呢？
跟著MOOK的腳步一同漫遊東京，
五天四夜經典名所與定番美食一網打盡，
幫你打造無遺珠之憾收穫滿載的旅程！

達人帶路　　　　　文／墨刻編輯部　圖／墨刻攝影組

玩味享樂東京地鐵
散策大滿喫

第1天 艷陽高照。傳統與新潮交織的火花。

Start 搭乘JR山手線至原宿駅下車

明治神宮
明治神宮位在東京市中心,卻仍保有傳統日本的樣貌,充滿古意。一早先來這裡散散步,御苑裡古木參天、清幽自然。

步行約5分鐘

原宿
原宿有年輕人匯聚的竹下通,藏在裏原宿小巷裡的個性小店,想買獨一無二的特殊商品,來這挖寶,收穫滿滿。

步行約10分鐘

於表參道駅搭乘Metro
千代田線至根津駅或千駄木駅下車

表參道
原為明治神宮參拜道的表參道,進駐許多國際精品品牌的旗艦店,搖身一變成為東京流行的代名詞。就算不買名牌,沿街各家品牌旗艦店的建築與商品陳列,宛如逛美術館般讓人驚艷。

谷根千
被東京人暱稱為谷根千的谷中、根津、千駄木地區,這裡保留了江戶後期的古樸風情,悠閒緩慢步調,找間喜愛的咖啡廳獨享寧靜的午茶時光,體驗東京另一面令人著迷的風貌。

於根津駅或千駄木駅搭乘
Metro千代田線至表參道
駅,轉搭乘Metro銀座線
至澀谷駅下車

澀谷
夜晚來到聚集所有時下最時尚流行的元素的澀谷,百貨林立,特色餐廳及休閒娛樂的劇場應有盡有,夜晚繁華熱鬧的澀谷像顆閃亮的星星,吸引眾人目光。

第2天 微風徐徐。新舊並存的多元風貌。

Start 搭乘JR山手線至上野駅下車

上野恩賜公園

　　上野恩賜公園是東京都內最大的公園，腹地廣大、綠意盎然，更是著名的賞櫻名所，境內還有動物園、美術館及博物館，是親子同遊的不二選擇。

於上野駅搭乘Metro銀座線至淺草駅下車

淺草

　　淺草是東京的復古聖地，穿過雷門走在通往淺草寺的仲見世通裡，體會下町文化與江戶庶民生活。

步行約3分鐘

色川

　　午餐就選在1861年創業的鰻魚老舖色川，這裡的鰻魚焦香的表面有微微的醬香，吃得到鰻魚的原味與彈牙的好口感，也是許多老東京最念念不忘的好滋味。

步行約5分鐘

水上巴士

　　從淺草到台場，除了轉車外，不如改選擇搭乘水上巴士來趟水岸巡航吧！沿途風光明媚，見識東京另一番都會風情。

搭乘水上巴士至日之出棧橋駅，轉搭百合海鷗號至台場駅下車

台場

台場緊鄰東京灣，是東京公認最浪漫的約會聖地之一。在這裡不只能夠休閒遊憩，還能購物享受美食。

於台場駅搭乘百合海鷗號至新橋駅，轉搭都營淺草線至押上駅下車

東京晴空塔城

不容錯過的東京必遊景點，除了晴空塔本身，更有進駐三百多間店舖的TOKYO Solamachi，吃喝玩買都能大大滿足。

第3天 風和日麗。手感雜貨咖啡屋巡禮。

Start 搭乘JR中央‧總武線至三鷹駅下車，南口巴士站搭前往三鷹之森吉卜力美術館的巴士

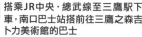

三鷹之森吉卜力美術館

世界知名度的動畫大師宮崎駿所策劃的吉卜力美術館，展示與動畫相關手稿與知識，更有大小朋友都喜愛的吉卜力周邊商品，今天就預約最早場次，盡情徜徉在天馬行空的動畫世界。

步行約15分鐘

井之頭恩賜公園

井之頭恩賜公園是東京人最愛的休閒公園之一，距離吉卜力美術館又近，在徐徐微風中，漫步於井之頭恩賜公園，悠閒地走到吉祥寺。逛了一上午，肚子也咕嚕咕嚕叫，中餐就到鄰近公園的燒烤名舖いせや享用，享受日式居酒屋風情。

於吉祥寺駅搭乘京王井之頭線至下北澤駅下車

步行約15分鐘

吉祥寺

吉祥寺以雜貨聞名，整個小鎮就是充滿一種幸福感覺，即使不買東西，光逛就覺得有趣，想體驗在地生活不妨到位在車站北口的口琴橫丁商店街逛逛。

下北澤

除了吉祥寺外，下北澤的雜貨也是不遑多讓超有特色，先喝個下午茶，恢復體力後繼續沉浸在下北澤的雜貨世界。

於下北澤駅搭乘搭乘京王井之頭線至澀谷駅，轉搭乘JR山手線至新宿駅下車

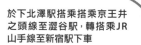

新宿

新宿百貨購物激戰區，想買什麼東西來這裡皆能一網打盡，新宿鬧區也是越夜越美麗的不夜城，還有免費的無敵夜景，標高202公尺的東京都廳展望台，將東京夜晚幻化成晶亮的燈泡，盡收眼底。

步行約2分鐘

回憶橫丁

逛完街看完夜景，肚子也需補充能量，夜貓族吃宵夜的好去處回憶橫丁，多樣化的庶民美食應有盡有，任君挑選。

第4天　晴空萬里。感受摩登都會百變風情。

Start

搭乘JR山手線至新宿駅下車

新宿御苑
　　新宿御苑是明治時代的皇室庭園，融合了法國、英國與日本風格，美麗而優雅，建議可外帶早餐到新宿御苑，邊賞景，邊以愜意的步調享用。

於新宿駅搭乘JR山手線至東京駅下車

東京駅
　　東京駅由建築師辰野金吾所設計，擁有拱頂及典雅紅磚的文藝復興風格建築，裡頭咖啡店、餐廳、書店、藥妝店、名產等一應俱全，無論改札內或改札外都非常好逛。

於東京駅搭乘Metro丸之內線至銀座駅下車

步行約3分鐘

銀座
　　來到銀座除了逛街購物外，別忘了來地標和光百貨大鐘前拍張紀念照。並木街上兩旁的時尚精品店與老店共存，傳統與創新的集結，完全無違和感。

KITTE
　　KITTE改建自舊東京中央郵局，請來建築大師隈研吾操刀設計，裡頭進駐近百間店家，6樓的屋上庭園還可近距離欣賞東京車站。

於銀座駅搭乘Metro丸之內線至後樂園駅下車

於後樂園駅搭乘Metro丸之內線至池袋駅下車

池袋
　　有名的池袋西口公園就位於池袋駅旁，東口有個有名的貓頭鷹雕像，四周有眾多百貨公司聚集，也是著名的拉麵激戰區，晚餐選擇人氣店家無敵家，拉麵湯頭濃厚，配料實在，難怪總是能吸引饕客光顧。

後樂園
　　東京巨蛋是野球迷不容錯過的朝聖地，看球賽外，一旁的野球殿堂博物館也值得參觀；不是球迷也可以到巨蛋城內的東京巨蛋樂園Attractions玩樂，或是選一家特色主題餐廳歇歇腳。

第5天　涼風習習。遊逛都心定番景點。

搭乘都營大江戶線於赤羽橋駅下車

Start

東京鐵塔

　　一早第一站先來到東京不敗經典地標東京鐵塔，近距離見到巨大壯觀的鐵塔聳立在眼前，無與倫比的感受湧上心頭。

於赤羽橋駅搭乘都營大江戶線於青山一丁目駅下車，轉搭Metro銀座線至上野駅下車

上野動物園

　　日本歷史最悠久的上野動物園散散步，園內500種動物中，最受歡迎的是貓熊，也成為上野動物園的招牌象徵。

於上野駅搭乘JR山手線至秋葉原駅下車

步行約5分鐘

阿美橫丁

　　中午了，轉移到附近的阿美橫丁先吃個庶民料理填飽肚子，吃飽喝足後，體驗商店街兩旁店家此起彼落的吆喝聲交織出東京元氣十足的樣貌。

秋葉原

　　秋葉原充滿宅男？這是刻板印象，其實秋葉原有許多電器屋，要買最新最流行的電器，到這裡絕不會空手而歸。此外，頗具特色在舊萬世橋駅原址重生的商場mAAch ecute 神田萬世橋也值得一逛，結合鐵道與歐洲拱廊概念，就在這裡喝個下午茶吧！

於秋葉原駅搭乘Metro日比谷線至中目黑駅下車

中目黑

　　中目黑是近年來東京最具話題性的潮流指標區，主要店家都分布在目黑川的兩旁，山手通附近的巷子裡還有許多設計家具與生活雜貨店，春天盛開在目黑川沿岸的櫻花也是一絕。

於中目黑駅搭乘Metro日比谷線至六本木駅下車

六本木

　　夜晚來到人氣名所東京中城(Tokyo Midtown) 享用晚餐，摩登新穎的空間設計，散發出來的是「和」的自然韻律。六本木Hills展望台TOKYO CITY VIEW360度的全景，眺望東京鐵塔綻放的璀璨光芒，為旅程畫下完美句點。

JR山手線
Yamanote Line

Data
起訖點_東京~東京
通車年份_1925年開始環狀運行
車站數_30站
總長度_34.5km

JR山手線是屬於JR東日本的運行系統，主要運行區間在東京都內中心部，連接澀谷、原宿、新宿、池袋等東京最熱門的旅遊景點，雖然一些新興的景點不見得會坐落在山手線上，但只要是想去的地方，從山手線上一定都找得到轉車站，是遊覽東京都的最佳交通利器。其實依照日本國土交通省鐵道局出版的《鐵道要覽》一書，實際是從港區的品川駅為起點，經由新宿、池袋到田端的這一段才是山手線。而從田端到品川則是由東北本線與東海道本線共通組成。但我們還是依其實際運行一圈的區間將之稱為山手線。

JR 山手線

Ⓐ池袋駅

　　池袋是集購物、美食、交通、住宿於一身的超強生活機能城市：擁有54個地下街出口的池袋車站是JR、三條地下鐵、東武東上線、西武池袋線等多條交通動線的交會點，車站內更結合西口的東武百貨、東口的西武百貨以及車站地下購物街Echika，東口通往主要購物商城太陽城的沿路更是熱鬧。太陽城北側就是少女版的中野、秋葉原：乙女之路。而東口、西口等繁華區域的餐飲店更是多不勝數，是東京知名的美食激戰區，拉麵店甚至達到步行一分鐘就有一家的密集程度，也因此有許多由池袋發跡至全東京甚至全日本的拉麵名店。

NAMJA TOWN
NAMJA TOWN樂園內有以遊樂設施為主的「Dokkingham Plaza」、以昭和年代懷舊意象設計的「福袋七丁目商店街」，與充滿恐怖氣氛的鬼屋主題「妖怪番外地」三大區域，是個可邊吃邊逛邊玩的歡樂主題樂園。

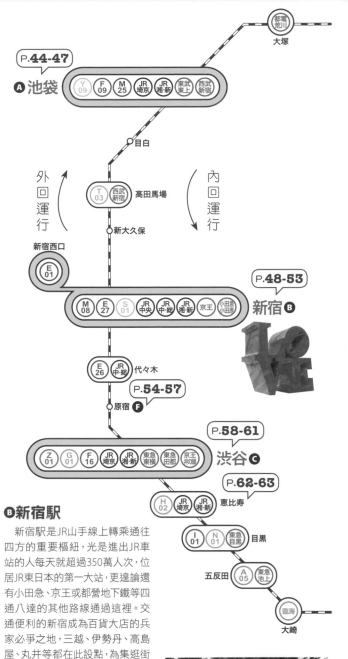

P.44-47
Ⓐ池袋
Y09 F09 M25 JR埼京 JR湘·新 東武東上 西武新宿

都電荒川
大塚

目白

外回運行

西武新宿 T03 高田馬場

內回運行

新大久保

新宿西口 E01

M08 E27 S01 JR中央 JR中·總 JR湘·新 京王 小田急 小田急
P.48-53
新宿Ⓑ

E26 JR中·總 代々木

P.54-57
原宿Ⓕ

P.58-61
Z01 G01 F16 JR埼京 JR湘·新 東急東橫 東急田都 京王井頭
渋谷Ⓒ

P.62-63
H02 JR埼京 JR湘·新 恵比寿

I01 N01 東急目黑 目黑

A05 東急池上 五反田

臨海
大崎

Ⓑ新宿駅

　　新宿駅是JR山手線上轉乘通往四方的重要樞紐，光是進出JR車站的人每天就超過350萬人次，位居JR東日本的第一大站，更違論還有小田急、京王或都營地下鐵等四通八達的其他路線通過這裡。交通便利的新宿成為百貨大店的兵家必爭之地，三越、伊勢丹、高島屋、丸井等都在此設點，為集逛街購物、餐廳與娛樂於一身的超級景點。

歌舞伎町
新宿東口北側就是以聲色場所知名的歌舞伎町，這裡聚集了許多居酒屋、餐廳，是晚上用餐的好去處。雖然被稱為是東日本最大風化區，但因近年來例行淨化專案安全性有提高，不過還是建議到這裡要結伴而行，也別太晚了還不回飯店。

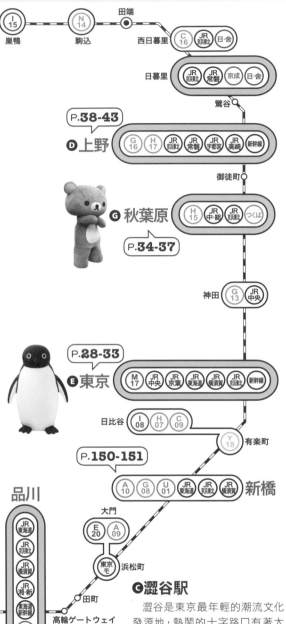

巣鴨 ⓘ15 駒込 Ⓝ14 田端

西日暮里 Ⓒ16 JR京浜東北 日·舍

日暮里 JR京浜東北 JR常磐 京成 日·舍

鶯谷

P.38-43

Ⓓ 上野 Ⓖ16 Ⓗ17 JR京浜東北 JR常磐 JR宇都宮 JR高崎 新幹線

御徒町

Ⓖ 秋葉原 Ⓗ15 JR中·總 JR京浜東北 つくば

P.34-37

神田 Ⓖ13 JR中央

P.28-33

Ⓔ 東京 Ⓜ17 JR中央 JR京葉 JR東海道 JR横須賀 JR京浜東北 新幹線

日比谷 ⓘ08 Ⓗ07 Ⓒ09

Ⓨ18 有楽町

P.150-151

Ⓐ10 Ⓖ08 Ⓤ01 JR東海道 JR京浜東北 JR横須賀 新橋

品川 大門 Ⓔ20 Ⓐ09

JR東海道 JR京浜東北 JR横須賀 JR湘·新 JR東海道新幹線 京急

東京モ 浜松町

田町

高輪ゲートウェイ

Ⓒ 澀谷駅

澀谷是東京最年輕的潮流文化發源地,熱鬧的十字路口有著大型螢幕強力放送最新最炫的音樂,種類豐富的各式商店和百貨,除了著名的109百貨是流行不敗聖地外,位於公園通的神南地區、澀谷中央街和西班牙坂,也是逛街買物的好去處,要想填飽肚子,便宜迴轉壽司、拉麵店、燒肉店等超值美味也不少。澀谷也是小眾文化的重鎮,地下音樂、藝術電影還有Live Band,都可以在此找到。

Ⓓ 上野駅

上野是山手線上重要的轉運大站,東京人可由此搭乘新幹線至東北、新潟、長野等地。占地寬廣的上野公園裡有博物館、美術館與動物園,隨時可見人們親近自然,欣賞展覽。走近熱鬧非凡的阿美橫丁商街,則被店家的吆喝聲團團包圍,人手一袋新鮮漁獲、乾果,交織出元氣十足的東京面貌。逛累了,鐵道下的一家家平價老店小攤,可以品嚐最道地的東京庶民風味;還有全新風貌的上野車站,讓勿忙的遊人駐足逛逛。

上野之森美術館
1972年春天開館的上野之森美術館是日本美術協會的展示館,開幕以來展示許多重要文化財並策劃國際級的企畫展。每年舉行的上野之森美術館大賞、VOCA賞等甄選,是年輕一輩藝術家踏上舞台的重要跳板。

Ⓔ 東京駅

東京駅是東京與其他地方縣市聯繫的交通樞紐。通往各地的新幹線皆由此站出發,每天來往的旅客人數就超過180萬人次。車站主體的文藝復興式紅磚建築已有百年歷史,而一旁的丸之內則是新興的商業辦公區,以丸大樓為首,這個辦公區漸漸轉變為精緻的購物商圈。

2007年開始,政府極力整修以求重現原本的風貌,在2012年結束車站的復原工程,同時Tokyo Station City也全部完工,使作為東京門戶的東京駅和丸之內地區以全新的面貌展現在世界遊客的面前。

駅弁屋 祭
超過170項的日本鐵路便當齊聚一堂,北至北海道南至九州的熱銷便當各個豐盛地令人垂涎,新鮮出爐的熱呼呼現做便當十分搶手,因每日販售的數量有限建議早點前去造訪,才不會留下買不到的遺憾。

東京拉麵一條街
東京車站B1的一番街裡集合了多家日本的人氣拉麵店,轉車如果肚子餓了,不妨來這裡品嚐來自日本各地的美味拉麵。

澀谷109
澀谷109是辣妹的大本營,10層樓空間裡全是專屬女生的各式大小商品,從服飾到假髮、假睫毛應有盡有,而且都有一個共通點,就是光鮮亮麗地不得了。

忠犬八公像
八チ公(忠犬八公)是澀谷最著名的狗銅像,據說原本小八是由一位東大教授所飼養的秋田犬,他每天傍晚都會去車站迎接主人回家,甚至教授過世後仍然風雨無阻天天到車站等主人,直到病亡。為了紀念小八的忠誠,人們特地在站前立下這座雕像。

F 原宿駅

如果你對原宿的印象，只是身上穿著五顏六色誇張服飾的年輕人，那當你初到原宿時，可能會懷疑自己是不是走錯了地方。當電車行經原宿車站的時候，映入眼簾的不是五顏六色的霓虹招牌，而是蓊鬱濃綠的樹林，原宿車站是棟小巧精緻的木造建築，且得天獨厚地背倚大片林間綠蔭，享有都市中難得的清新空氣與寧靜。

過去遊原宿一般會從年輕人最愛的竹下通開始，不過倘若你是注重時尚的熟男熟女，可以直攻青山與表參道。

裏原宿遊步道
隱藏在原宿中的裏原宿，雖然街道狹窄，但卻是東京年輕人眼中最能發掘自我品味的天地。每一間藏在巷弄裡的小店面都有店主人獨特的夢想，等著識貨的你來發現。

竹下通
竹下通感覺就像是台灣的西門町，從首飾、服裝、鞋子到小玩具和大頭貼，年輕人最喜歡的玩意兒全都聚集在此，而且價錢也較為便宜。

G 秋葉原駅

秋葉原是東京最知名的電器通訊街，幾乎所有的電子相關與資訊產品都可在這找到，主推電玩影音軟硬體及動畫周邊商品。相較於其他大型電器連鎖店較偏重最新機種的折扣，秋葉原的店家反而給退到二線的產品較大幅度的優惠。秋葉原Cross Field、Yodobashi CAMERA Akiba等大型賣場，重新改造秋葉原的氛圍，吸引更多人前來挖寶，成為永遠的動漫天堂！

2k540 AKI-OKA ARTISAN
2K540源自於鐵道用語，以東京車站為始到該地的距離做為代號，2k540所在地御徒町在過去是職人匯聚之地，許多傳統工藝作坊至今依舊運轉，JR東日本都市開發為了善用閒置空間找出路，便以延續職人之町的文化為概念，創造出高架橋下的藝文空間2k540。

AKB48劇場
AKB48是從秋葉原竄起的偶像團體，偶像商品化的強力包裝，加上御宅族的死忠支持之下，晉升成為火紅藝人，除了發行CD、DVD也定期在AKB劇場登台表演。

Stop by Stop
零殘念精華路線推薦
達人帶你玩
山手線

新宿駅

➡ **1 新宿御苑**
建議參觀時間：40~60分鐘
新宿御苑是明治時代的皇室庭園，融合了法國、英國與日本風格，美麗而優雅，建議可外帶早餐到新宿御苑，邊賞景邊以愜意的步調享用。

池袋駅

➡ **2 Sunshine City太陽城**
建議參觀時間：60~120分鐘
Sunshine City太陽城是日本第一個複合式商城，結合辦公大樓、百貨公司、劇場、水族館、展望台、美食街、飯店、主題樂園，讓遊客可以盡情購物玩樂一整天。

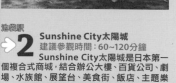

池袋駅

➡3 無敵家
建議參觀時間：
20~30分鐘

無敵家用大火熬煮出來的濃郁豚骨湯頭與實在的配料是其招牌，再配上餐桌上的無臭大蒜，使無敵家的拉麵口味真的變得無敵，是別處吃不到的滋味，午餐就選在這裡飽餐一頓。

上野駅

➡4 阿美橫丁
建議參觀時間：60~90分鐘

走近熱鬧非凡的阿美橫丁就會被店家元氣滿點的吆喝聲團團包圍，沿路上有各種乾貨、蔬果餅乾進口食品，還有以年輕人為主的流行服飾以及早年留下來的軍用品店等，商品以平價為號召，充滿熱鬧滾滾的庶民情調。

秋葉原駅

➡5 mAAch ecute 神田萬世橋
建議參觀時間：60~120分鐘

在老舊的舊萬世橋駅原址上，結合鐵道與歐州拱廊商場的概念，爬上建於1912年的階梯，來到2樓還能看到中央線的列車從旁呼嘯而過，舊萬世橋駅以mAAch ecute的姿態重獲新生，在紅磚高架橋底延續百年繁華。

京京駅

➡6 東京駅
建議參觀時間：60~150分鐘

擁有拱頂及典雅紅磚的文藝復興風格建築，外觀相當典雅，裡頭咖啡店、餐廳、書店、藥妝店、名產等一應俱全。

東京駅

➡7 KITTE
建議參觀時間：60~120分鐘

改建自舊東京中央郵局的KITTE，裡頭則請來建築大師隈研吾操刀設計，每一層都有不同的主題規劃與選店，共進駐近百間店家，能一次逛個過癮，6樓的屋上庭園還可近距離欣賞東京車站。

新宿駅

➡8 東京都廳展望台
建議參觀時間：20~30分鐘

東京都廳展望台提供免費欣賞東京夜景，站在展望台上俯視東京市街，天氣晴朗時還可眺望富士山美景，首都地標東京鐵塔和東京晴空塔也能一覽無遺，是大人氣的免費夜景名所。❗北展望室現因疫情緣故暫停開放，也可能因疫情與天候臨時休室。

新宿駅

➡9 回憶橫丁
建議參觀時間：40~60分鐘

夜貓子的宵夜好去處，深夜時分走進回憶橫丁，紅燈籠伴著瀰漫的食物香氣，兩旁的攤販招客熱情如火，讓人忍不住坐下來品嚐東京的庶民美味，或小酌一杯放鬆！

JR 山手線

東京
秋葉原
上野
池袋
新宿
原宿
渋谷
惠比寿
新橋(P150~151)
有楽町(P86~91)

東京駅
とうきょう えき/ Tokyo Station

在戰爭時燒燬的圓頂是修復工程的重點。東京車站在戰火中損壞，戰後日本政府因經費不足，所以只能將原本三層樓高的車站修復至2樓的樣貌。

新潮咖啡店、爆買藥妝店、各地名產一應俱全，美味餐廳或百年老舖絕不在少數！

① 東京車站

東京駅

☎03-3231-5652 ⌂千代田區丸之內一丁目

　落成於1914年的東京車站，從1872年日本第一條鐵路線通過到今日，包含JR的京葉、總武、京濱東北線和地下鐵丸之內線等多條鐵路線交織，新幹線也均經由此發車，東京駅已是交通重站。**車站分為東面的丸之內口和西面八重洲口兩大主要區塊**。丸之內側車站建築建於大正年間，由建築師辰野金吾所設計，是棟擁有拱頂及典雅紅磚的文藝復興風格建築，八重洲口則有原本的八重洲大樓和南塔和北塔。

Map　Web

② 大丸東京店

賣場空間寬闊舒服，品質與服務絕對一流！

☎03-3212-8011 ⌂千代田區丸之內1-9-1
◷B1~11F 10:00~20:00，12F餐廳11:00~22:00，13F餐廳11:00~23:00 ⊗1/1

　大丸百貨東京店樓層B1及1樓是食品區，2~6樓是針對女性的服飾商品，7~8樓是男性樓層，9樓為生活用品與童裝，12~13樓為餐廳。**大丸百貨最受歡迎的向來是讓人眼花撩亂的和食、中華、洋食便當和各種甜點**，當紅的伴手和甜點品牌如銀的葡萄、東京芭娜娜、鎌倉五郎、豐島屋等應有盡有。

Map

Web

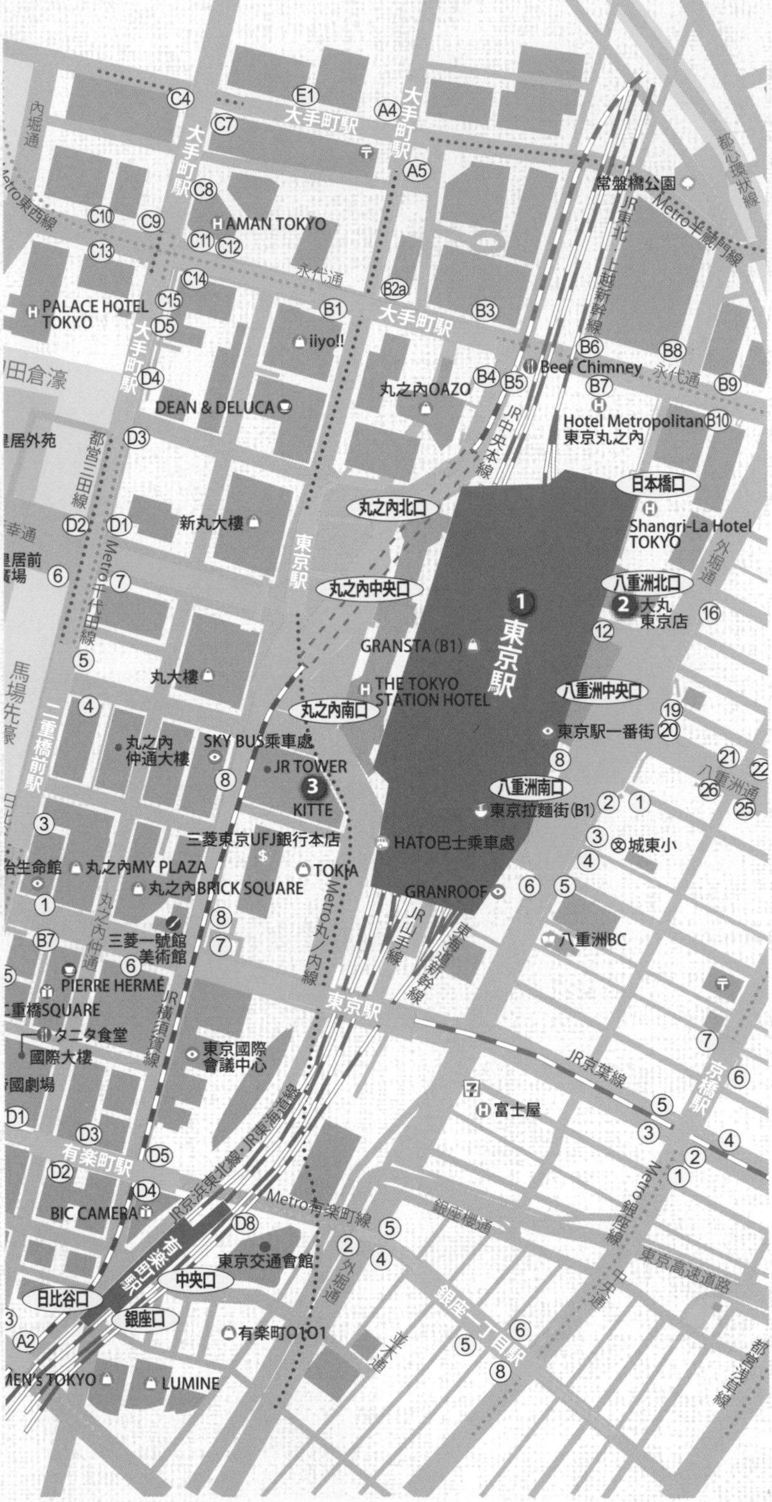
大手町駅
大手町駅
大手町駅
AMAN TOKYO
PALACE HOTEL TOKYO
永代通
iiyo!!
DEAN & DELUCA
丸之內OAZO
Beer Chimney
Hotel Metropolitan
東京丸之內
常盤橋公園
日本橋口
丸之內北口
Shangri-La Hotel TOKYO
新丸大樓
丸之內中央口
八重洲北口
東京駅
大丸東京店
GRANSTA (B1)
丸大樓
THE TOKYO STATION HOTEL
八重洲中央口
丸之內南口
東京駅一番街
丸之內仲通大樓
SKY BUS乘車處
JR TOWER
KITTE
八重洲南口
東京拉麵街(B1)
三菱東京UFJ銀行本店
HATO巴士乘車處
城東小
丸之內MY PLAZA
TOKIA
丸之內BRICK SQUARE
GRANROOF
三菱一號館美術館
八重洲BC
PIERRE HERMÉ
タニタ食堂
國際大樓
東京國際會議中心
富士屋
有楽町駅
BIC CAMERA
東京交通會館
中央口
日比谷口
銀座口
有楽町O1O1
MEN's TOKYO
LUMINE
京橋駅
銀座一丁目駅
東京高速道路
JR京葉線

位在4樓的舊局長室正面對著東京車站，可以在此近距離觀看東京車站的圓頂建築。
老屋新生的特色商場，逛一整天都逛不完！

3 KITTE

達人力推

依各店鋪而異　千代田區丸之內2-7-2　購物

11:00~21:00，週日例假日~20:00；餐廳及咖啡廳11:00~23:00，週日例假日~22:00

Map　Web

於2013年開幕的KITTE，改建自舊東京中央郵局，名稱取自「郵票」(切手)與「來」(来て)的日文發音，雪白外牆內是寬闊的中空三角形空間，日光從上頭傾瀉而下，開闊的空間充滿放鬆感，**從地下1樓到地上6樓的7個樓層間進駐近百間店鋪，成為東京購物飲食必到景點。**

東京駅
とうきょう えき / Tokyo Station

① 皇居

 Map　 Web

⊙千代田區千代田1-1　⑤免費

　在東京都的中心，有著**一大片綠意被高樓群層層圍繞，這裡便是日本精神象徵「天皇」的住所**。日本皇居原本為江戶城的中心，德川幕府滅亡後，於明治天皇時改成宮殿，到了二戰時期被美軍炸毀，最後才在上世紀60年代重建。皇居平時不開放，唯有皇居外苑以及東御苑有開放民眾參觀。

皇居：一般參觀注目POINT！

❶富士見櫓
皇居參觀的第一站，江戶城本丸唯一保存下來、高16公尺的「富士見櫓」。

❷松之塔
以松樹為意象建造的「松之塔」，是座高塔16公尺的照明塔，寓意著日本國運繁盛昌榮。

❸宮內廳
有著銅綠色屋頂的建築是處理皇室事務的宮內廳，許多重要儀式都在這裡舉行，像是內閣總理大臣的任命儀式、天皇與皇后的結婚禮等。

❹伏見櫓
現在看到的宮殿位在江戶城的西之丸，從正面鐵道往回望，是當時保留下來的伏見櫓。

❺長和殿
長160公尺的長和殿，每年國曆新年與天皇誕生日時，皇室一族會在長和殿的2樓接見民眾，場面十分盛大，而在面對長和殿的右手邊有處南車寄，這裡是天皇迎接外賓的地方。

❻正門鐵橋
正門鐵橋，又被稱為二重橋。由於橋面離護城河約13公尺，江戶時期的人們為了克服高度，便在河面先建一座矮橋，再於矮橋上建立另一橋，於是有此一稱。現在雖然改為鐵橋，但許多老東京仍以二重橋稱之，各國賓客前來宮殿拜會天皇時，皆會由此通過。

東京　秋葉原　上野　池袋　新宿　原宿　渋谷　惠比寿　新橋（P.150~151）　有樂町（P.86~91）

② 三菱一號館美術館

☎03-5777-8600 🏠千代田區丸之內2-6-2 ⏰10:00~18:00，
週五(例假日除外)10:00~21:00 🈺週一(遇假日順延)，1/1、換展期間 ❗
因建築整修預計休館至2024年秋

> 美術、人文、生活，紅磚洋房的西式風情正是融和東方情緒，重新體會藝術人生的最佳距離。

達人力推

　　2010年春天開幕的三菱一號館美術館，**建築本身是間充滿復古風情的美麗紅磚建築，是依據1894年時，由英國設計師所繪、豎立於原基地的三菱事務所設計圖，經過詳細考證後所重建而成。**建築的2、3樓做為美術館的展覽空間使用，1樓則有建築本身的歷史資料室、利用原本銀行接待大廳空間、開放感十足的咖啡館1894以及博物館商店。

Map

Web

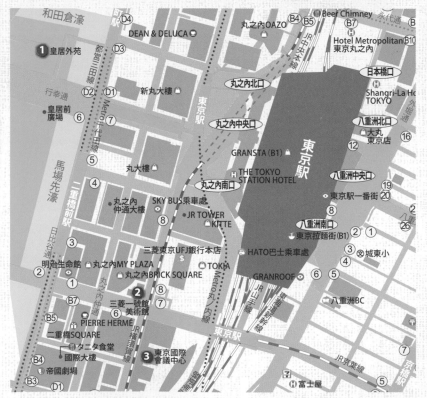

③ 東京國際會議中心

東京国際フォーラム

☎03-5221-9000 🏠千代田區丸之內3-5-1 ⏰依各項演出會議而異

　　東京車站旁有棟呈現尖銳橢圓狀的玻璃建築相當引人注目，這就是東京國際會議中心，**平時會舉辦各項活動，例如演奏、戲劇等，也會在中庭廣場不定期舉辦跳蚤市場、骨董市場等讓人盡情挖寶。**地下1樓還有個相田みつを美術館，以這位詩人兼書法家的作品為中心展出。

Map

Web

東京・秋葉原・上野・池袋・新宿・原宿・渋谷・恵比寿・新橋(P150~151)・有楽町(P86~91)

東京駅
とうきょう えき / Tokyo Station

這裡的定食每一份的熱量都在500大卡前後，且蔬菜增量、鹽份減量，吃來飽足卻又清爽無負擔。

❶ TANITA食堂

タニタ食堂

☎03-6273-4630 ⚐千代田區丸之內3-1-1 丸之內國際大樓B1 🕐午餐11:00~14:00 ⚆週末、假日、年末年始 💲日替わり(本日午餐)¥1030 ❶由於TANITA食堂人氣很旺，通常在開店前便會排滿人，建議可以早點來排隊；人潮多時還會分時段發號碼牌，排隊進場前一定要先取得號碼牌才行

做體重計做到出書？出書出到開餐廳！營養均衡的TANITA美食主義是現代人的最佳典範！

達人力推

日本的體脂體重計大廠TANITA的員工餐廳以均衡飲食幫助員工減重，引起話題後發行食譜，甚至是直接開設了一間食堂，將自家員工餐廳的伙食對外開放，讓一般大眾也能品嚐。

❷ Beer Chimney 丸の内店

ビアチムニー 丸の内店

☎03-3215-4467 ⚐千代田區丸之內1-7-10 🕐平日11:00~15:00，17:00~24:00(L.O.23:30) ⚆週末 💲豚串(1串)¥198

位於高架橋下的居酒屋Beer Chimney是大型居酒屋連鎖集團Chimney Group下的分店，提供的料理種類廣泛，包括各種串燒、生魚片、沙拉、炸雞和烤魚等，都是居酒屋常見的下酒菜單，酒類則有日本酒、沙瓦、啤酒、威士忌等可以選擇。

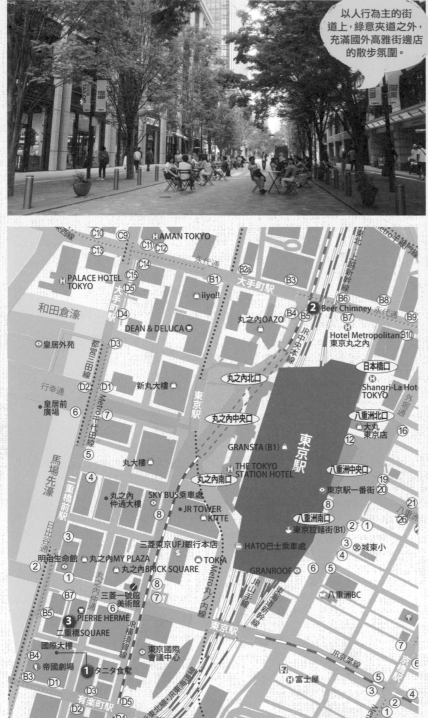

以人行為主的街道上，綠意夾道之外，充滿國外高雅街邊店的散步氛圍。

Map

Web

❸ 二重橋SQUARE

千代田區丸之內3-2-3　　商店11:00~20:00，餐飲~23:00

　與丸之內Brick Square隔著街角對望的二重橋SQUARE，同樣位於三菱地產購物大樓林立的丸の内仲通り上。2018年11月新開幕的這區，位於綠意盎然的丸之內仲通，**從地下1樓到地上2樓共十幾間店鋪，諸如壽司、燒肉、和食、串燒等，種類多元，應有盡有**，尤其1樓的街邊店家串聯戶外綠意的座位區，讓這一帶展現出特別優雅與華麗氛圍。

東京

秋葉原

上野

池袋

新宿

原宿

渋谷

惠比壽

新橋（P150~151）

有楽町（P86~91）

東京

秋葉原

上野

池袋

新宿

原宿

渋谷

惠比寿

新橋
(P150~151)

有楽町
(P86~91)

秋葉原駅
あきはばらえき/ Akihabara Station

舊萬世橋駅以全新姿態重生,在紅磚高架橋底延續百年繁華。

① mAAch ecute 神田萬世橋

☎03-3257-8910 ⌂千代田區神田須田町 1-25-4 🕐商店11:00~20:00;餐飲 11:00~23:00(週日、例假日~21:00);1912階梯‧1935階梯‧2013月台11:00~22:00(週日、假日~20:30) 🈺不定休

Map

Web

位在舊萬世橋駅原址上的購物中心mAAch ecute於2013年秋天開幕,室內空間十分有趣,每間店沒有明顯界線而是由拱門隔開,選進的店舖皆在地方上小有名氣。雖然轉變為商場,**這裡也還能見到萬世橋車站遺跡,爬上建於1912年的階梯,來到二樓還能看到中央線的列車從旁呼嘯而過。**

② ヨドバシAkiba

☎03-5209-1010 ⌂千代田區神田花岡町 1-1 🕐9: 30~22:00,8F餐廳11:00~23:00

Map

Web

ヨドバシ(Yodobashi)Akiba位在秋葉原車站出口,**面積約27,000平方公尺,賣場共有9層樓,是日本規模最大的綜合性家電電器購物中心。**商品種類眾多,網羅秋葉原迷最愛的商品,儼然像個小型的秋葉原,甚至設有藥妝用品專區、美食餐廳、高爾夫球場。

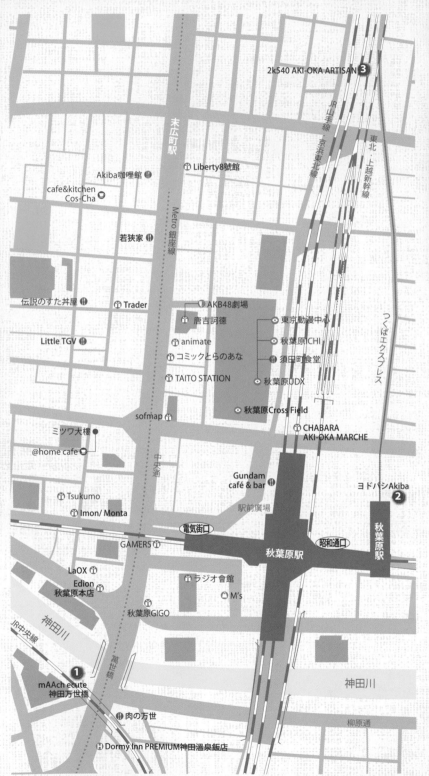

進駐高架橋下的手藝創作工作室，好玩小店集結在此讓人流連忘返。

達人力推

③ 2k540
AKI-OKA ARTISAN

⊕台東區上野5-9(秋葉原驛與御徒町驛間的高架橋下) ◐空間開放10:00~20:30，店舖11:00~19:00 ⊛週三，一部分店舖不一

　全名2k540 AKI-OKA ARTISAN的2K540，2K540源自於鐵道用語，以東京車站為始到該地的距離做為代號，2k540即是距離東京車站2公里又540公尺之地的意思。AKI-OKA為JR山手線上的秋葉原驛(Akihabara)與御徒町驛(Okachimachi)，說明了它就位於這兩站間的高架橋下，ARTISAN則是法文的「職人」之意。**JR東日本都市開發為了為間置空間找出路，便以延續職人之町的文化為概念，創造出高架橋下的藝文空間2k540。**

Map

Web

秋葉原駅
あきはばらえき/ Akihabara Station

① 萬世

☎0120-4129-01 ⌂千代田區神田須田町2-21 ●依各樓層餐廳而異 ⑤万かつサンド(招牌三明治)¥800

Map

Web

聞名全日本的肉品老店「萬世」，在關東地區擁有多家店舖，在各百貨公司也都有進駐，因本店位於萬世橋畔而命名，整棟大樓都是選用萬世肉品的美味餐廳，

從1~5樓集結立吞酒場、LAWSON與萬世的聯名商店、牛排、洋食及燒肉。 位在1樓的LAWSON聯名商店裡就能買到萬世著名的人氣炸豬排三明治！

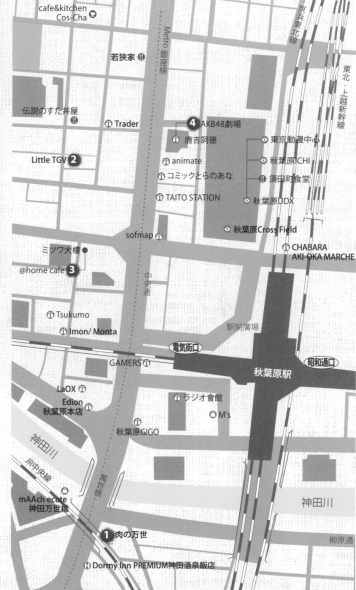

Akiba咖哩館
Liberty8號館
cafe&kitchen Cos-Cha
若狭家
Metro 銀座線
伝説のすた丼屋
Trader
④ AKB48劇場
唐吉訶德
東京動漫中心
Little TGV ②
animate
秋葉原CHI
コミックとらのあな
須田町食堂
TAITO STATION
秋葉原UDX
sofmap
秋葉原Cross Field
ミツワ大樓
CHABARA AKI-OKA MARCHE
@home cafe ③
中央通
Tsukumo
駅前廣場
Imon/ Monta
電気街口
GAMERS
昭和通口
秋葉原駅
LaOX
ラジオ會館
Edion 秋葉原本店
M's
神田川
秋葉原GIGO
JR中央線
萬世橋
神田川
mAAch ecute 神田万世橋
柳原通
① 肉の万世
Dormy Inn PREMIUM神田温泉飯店
山手線・京浜東北線
東北・上越新幹線

❷ Little TGV

☎03-3255-5223 ⌂千代田區外神田3-10-5 イサミヤ第3ビル4F ⏰18:00~22:00，週六12:00~22:00、週日12:00~21:00 ㊡週一、週四 💲NAERお子様プレート(兒童餐)¥1,200、新幹線おにぎり(新幹線造型飯糰)¥800

熟知東京各鐵道公司的鐵道迷們，知道最近迎來15周年的「新秋葉電氣鐵道」嗎？其實這是**秋葉原的Little TGV以此鐵道路線為號召，結合女僕店的可愛氛圍，成為一間以鐵道為主題的女僕居酒屋**。在秋葉原充滿各主題餐廳的激戰區，提供的是有趣的服務，穿著可愛制服的服務生化身為車掌小姐，引導鐵道迷們至電車座椅改成的座席，一進入店內就感受到濃濃的鐵道氣氛。

 Map Web

❸ @home café

☎050-3135-2091 ⌂千代田區外神田1-11-4ミツワビル3F~7F ⏰11:00~22:00、週末、例假日10:00~22:00 ㊡不定休 💲餐點¥990起、咖啡¥660起 ❶店內不可拍照

達人力推

秋葉原老字號女僕咖啡廳，由於外國人不少，這裡的的氣氛也十分歡樂，語言不通也沒有問題。

@home café的擺設有點類似教室的風格，坐在吧檯的位置女僕可以面對面幫您服務，可愛的女僕會親切地為您端上飲料、倒奶精，或者在蛋包飯上用番茄醬畫上可愛的貓咪圖案。**不少女僕擁有自己的粉絲，在企業化的經營之下，女僕們發行了CD以及DVD，還提供了男客人穿上男僕裝的衣服，與女僕一起拍大頭貼的服務。**

Map
Web

❹ AKB48劇場

Map

☎03-5298-8648 ⌂千代田區外神田4-3-3ドン・キホーテ秋葉原8F ⏰平日約18:30開演，週六例假日12:00開演2場 💲入場券男性¥3,400，女性¥2,400 (入場券販賣時間為開演前1小時30分~30分)

Web

AKB48是一個從秋葉原竄起的女僕偶像團體，在御宅族的死忠應援之下晉升成為火紅藝人，**除了發行CD、DVD以及相關周邊商品，更定期在AKB劇場登台表演。**想要親眼見識當今死忠派宅男心目中的夢幻殿堂，非來到AKB48劇場沉浸在真人版動漫美少女的舞台前不可。

東京

秋葉原

上野

池袋

新宿

原宿

渋谷

惠比壽

新橋
(P.150~151)

有楽町
(P.86~91)

上野駅
うえのえき/ Ueno Station

① 上野之森美術館

☎03-3833-4191　♁台東區上野公園1-2

◷10:00~17:00(入館~閉館前30分，時間依展覽內容而異)　ⓢ依展覽而異　❶展期與休日並無固定，請先上網查詢

　1972年春天開館的上野之森美術館是日本成立時間最長的「財團法人日本美術協會」所擁有的私立美術館，**館內展區分為2大部分，1樓為專為小型企劃展所設置的藝廊，2樓有開闊的展示空間。**

② 國立西洋美術館

☎050-5541-8600　♁台東區上野公園7-7

◷9:30~17:30、週五、六~20:00　ⓗ週一(遇假日順延)、12/28~1/1、不定休　ⓢ常設展大人￥500、大學生￥250，每月第2個週日、博物館日(5/18)及文化之日(11/3)常設展免費

　國立西洋美術館最初是為了收藏日本大企業家川崎造船的社長松方幸次郎的300餘件收藏品，**由1959年開館至今，館藏已成長為4500餘件，是日本唯一以西洋美術為收藏主題的國立美術館，美術館的關注以中世末期到20世紀的美術作品為主，**其中又以法國藝術家作品最多。

3 國立科學博物館

☎ 050-5541-8600 ⊙台東區
上野公園7-20 ◷9:00~17:00
🈺週一(遇假日順延),12/28~1/1
💴大人¥630,高中生以下免費

　　國立科學博物館是日本唯一的綜合性科學博物館,歷史悠久;巨大的鯨魚雕塑就橫跨在大門前的廣場上,相當醒目。**館內主要分為日本館和地球館兩部分,從化石、地質、標本等等眾多的自然科學收藏**,詳細描述了日本的自然史和地球環境的長期變化,最受小朋友歡迎的當然是恐龍化石和各種隕石的收藏區。

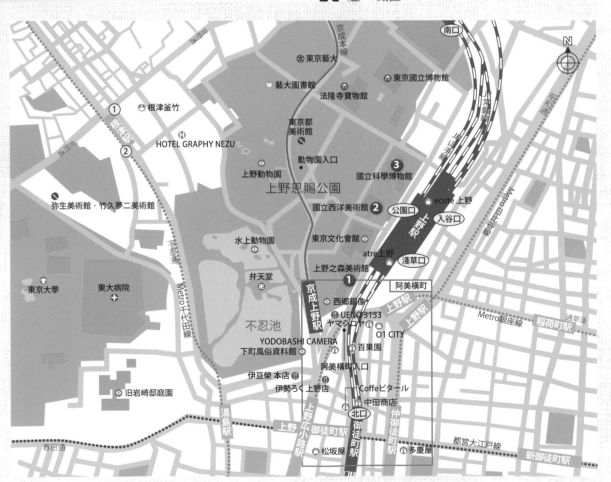

上野駅
うえのえき / Ueno Station

① 東京國立博物館

☎050-5541-8600　🏠台東區上野公園13-9

🕐9:30~17:00(入館~16:30)　⊗週一(遇假日順延)，年末年始　💰常設展大人¥1,000，大學生¥500

全日本國寶聚集一方，到東博感受日本藝術與文化的脈絡吧！

達人力推

擁有本館、東洋館、表慶館、平成館與法隆寺寶物館等5個分館的東京國立博物館**是上野公園內占地最大，同時也是日本歷史最悠久的博物館**。初夏時期造訪，四周樹木青綠包圍，蟬鳴聲嘰嘰，水池那頭的古老建築隱隱訴說著日本的建築近代史的，正是1938年開館的本館。**館內收藏品以藝術和考古文物為主要對象，更多的是日本美術**，可以展示了解日本的藝術甚至是文化脈絡。另外，表慶館專門於日本考古，平成館運用作為特別展示館。

灰白水泥外牆，頂上日式黑瓦，充滿東洋風格的西式建築被稱為「帝冠樣式」，由銀座和光、原美術館的設計師渡邊仁所設計。

Map

Web

② UENO 3153

☎03-3563-3181　🏠台東區上野公園1-57

🕐各店舖不一，約11:00~23:00　⊗各店舖不一

Map

Web

2013年開幕的UENO 3153由上野西鄉會館改裝而成，奇怪的命名其實是由諧音(西鄉さん與3153的日文發音類似)而來。**地上3層、地底2層樓的設施，集結「上野精養軒」、「銀座ライオン」、「叙々苑」等有口皆碑的老字號**。屋頂設有展望庭園，可以欣賞上野一帶風景，夜晚還能從這裡看到點燈的西鄉隆盛像，追憶一代偉人的丰采。

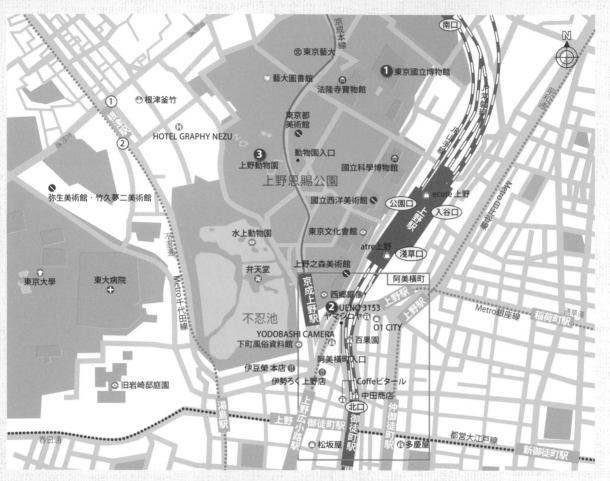

③ 上野動物園

☎03-3828-5171 ⌂台東區上野公園9-83 ⬇
9:30~17:00(售票~16:00) ⊗週一(遇假日順延)，12/29~1/1 ⑤大人￥600，國中生￥200，65歲以上￥300，小學生以下免費；3/20、5/4、10/1免費

　1882年開園的上野動物園，是日本歷史最悠久的動物園，是日本參觀人數最多的動物園，也是上野最知名的景點之一。園裡有大象、北極熊、大猩猩等約500種動物，其中包括馬達加斯加指猿、馬島獴、小鼷鹿等都是日本唯一有飼養的動物園。

Map
Web

阿美橫丁

由上野車站南側的高架鐵軌橋下一路延伸到御徒町的阿美橫丁，據說名字源自America的縮寫，早期以販賣美軍二手商品出名。走進熱鬧非凡的阿美橫丁商店街，馬上被店家的吆喝聲團團包圍，人手一袋新鮮小吃、乾果交織出元氣十足的東京面貌。

新橋（P150~151）
有楽町（P.86~91）

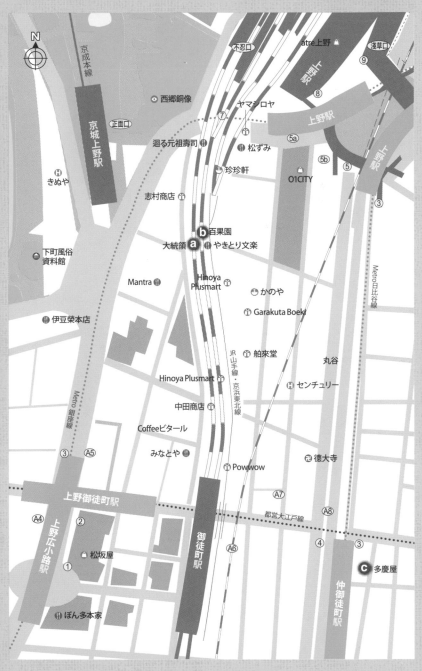

ⓐ 大統領

☎03-3832-5622　⌂台東區上野6-10-14　🕙10:00~24:00　💲大統領特製煮込み(大統領特製燉煮)¥420

招牌是創業以來的老菜單——馬腸內臟燉煮。

從昭和25年(1950)開業以來，大統領的店內氣氛和料理口味似乎從未改變過，也是高架橋下極有人氣的小攤之一。店裡的菜單是典型的居酒屋菜單，**各種串燒、泡菜、小料理配上日本酒、威士忌或啤酒。**

Map

ⓑ 百果園 上野本店

☎03-3831-0518　⌂台東區上野10-12　🕙10:00~19:00　💲雙色草莓¥590

每串百元日幣起跳，邊走邊吃正過癮。

Map

阿美橫丁的百果園算是必吃的招牌名店，店如其名，賣的是種類豐富的新鮮水果，除了看起來令人垂涎欲滴各種高級水果，最有名的是**一串串的水果棒，鳳梨、草莓、甚至是高級的日本品種哈密瓜通通都用竹籤串起。**

ⓒ 多慶屋

看起來不起眼的老舊大樓，裡頭可藏著大特價好貨！

☎03-3835-7777

⌂台東區台東4-33-2

🕙10:00~19:00　休1/1

達人力推

以紫色為企業識別色系的多慶屋位於昭和通與春日通交叉口，雖距離上野站有一段距離，但一樓的生鮮食品賣場卻總是擠滿來自各地的主婦主夫們，**因為多慶屋可是全東京最便宜的地方，從食品、家電、服裝、藥妝到家具，所有一切與生活相關商品應有盡有，**家電用品還比大型連鎖量販店還便宜一些唷。

Map

Web

東京　秋葉原　上野　池袋　新宿　原宿　渋谷　恵比寿　新橋(P150~151)　有樂町(P86~91)

池袋駅
いけぶくろえき/ Ikebukuro Station

Sunshine水族館裡，在藍天下海狗會在特殊造型、有兩公尺半高的透明環狀水道中曬著太陽。

① Sunshine City太陽城

⌂豐島區東池袋3-1-1 🕐💰休 依各設施不同

池袋規模最大的複合式購物中心，待一整天都好玩！

達人力推

　沿著池袋東口的サンシャインシティ60通就可抵達 Sunshine City太陽城。**多層賣場、餐廳、展望台和飯店結合而成的大型商業設施，Sunshine City是日本第一個複合式商城**；Sunshine City太陽城囊括了辦公大樓、百貨公司、文化劇場、水族館、展示場、展望台、美食街、飯店、主題樂園，全都集中在同一區，讓遊客不怕颱風下雨，可以盡情購物玩樂一整天。

Map　Web

② 西武百貨

☎03-3981-0111　⌂豐島區南池袋1-28-1　🕐購物10:00~21:00、週日例假日10:00~20:00，8F餐廳11:00~23:00、週六日例假日10:30~23:00　休不定休

Map　Web

　西武集團是日本知名的大企業，分布關東地區的西武百貨本店就選在池袋，走向較為年輕，**最受歡迎的莫過於居家生活雜貨品牌LOFT，占據9~12四層樓的面積，舉凡文具、廚房衛浴用品、健康雜貨通通一應俱全**，許多高中生或上班族都會在回家前逛逛。

❸ 東武百貨

☎03-3981-2211 📍豐島區西池袋1-1-25

🕐購物10:00~20:00、餐廳11:00~23:00
(各樓層營業時間稍有不同) 🏩不定休

東武百貨的專櫃選擇較偏向
以主婦或上班族的女性為主，
面積為關東地區最大，集合各
大國際精品及日本女裝品牌，
9~10樓有最受歡迎的國民品牌
UNIQLO，另外還有多家東武自
營品牌商店，許多商品都是只有
這裡才買得到，一定要逛逛。

`Map` [QR code]　`Web` [QR code]

池袋駅
いけぶくろえき/ Ikebukuro Station

正餐或是宵夜來上一碗拉麵，大大滿足味蕾與胃袋想吃的慾望！

① 無敵家

達人力推

☎03-3982-7656 ⊕豐島區南池袋1-17-1 ⏰10:30~凌晨3:30 ㊡12/31~1/3 ⑤げんこつ(拳骨拉麵)¥900

提到無敵家，就不能不提到其用大火熬煮出來的濃郁豚骨湯頭與實在的配料。再配上餐桌上的無臭大蒜，使無敵家的拉麵口味真的變得無敵，是別處吃不到的滋味，難怪無論何時店門口總是大排長龍。

鮮濃湯頭加上彈牙麵條，難怪是東池袋排隊名店！

Map　Web

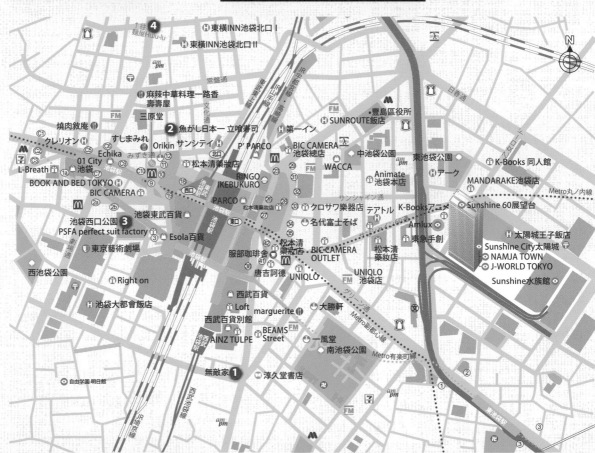

❸ 池袋西口公園

🏠豐島區西池袋1-8-26

　日劇《池袋西口公園》直接以這裡為名，因為這裡每逢夜晚就會聚集許多年輕人，經過重新整理，給人一種明亮開闊的潔淨感，象徵和平的雕塑和旁邊的東京藝術劇場融合，夜晚還會有點燈的幻彩視覺印象，一再成為日劇或廣告的最佳外景地。

公園內大型的噴水池創造出清涼感受！

❷ 寿司 魚がし日本一 池袋西口店

☎03-5928-1197　🏠豐島區西池袋1-35-1
🕐11:00~ 23:00　🗓週一　💰握壽司￥75
起(一次至少點2個)

　想要用便宜的價錢品嘗美味壽司，不妨嘗試這家立食壽司店吧。**師傅的手藝可不會因為立食而馬虎**，每貫壽司都是在顧客眼前新鮮現做，漂亮地盛放在新鮮竹葉上。價錢從一個握壽司日幣75元起，十分平易近人。

冬天裡熱騰騰地來上一碗拉麵超享受！

❹ 麵屋Hulu-lu

☎03-3983-6455　🏠豐島區池袋2-60-7　🕐11:30~15:00、18:00~21:00(賣完為止)，假日11:30~15:30　🗓週二　💰醬油SOBA￥850

　Hulu-lu的招牌醬油湯底以吉備黑雞、多種蔬菜熬煮而成，麵體使用夏威夷的水做成具有彈性的細麵。拉麵排放筍乾與叉燒，加入肉末、蔥花，最頂端再放一把蘿蔔苗，光配色就讓人眼睛一亮。**新鮮蔬菜降低雞汁湯頭的油膩感，而叉燒調整為薄鹽口味，爽口的總體風味猶如夏日海風**，清新宜人。

新宿駅
しんじゅくえき / Shinjyuku Station

❶ NEWoMan

ニュウマン

📞 03-3352-1120　📍 新宿區新宿4-1-6　🔽
11:00～21:30，駅內8:00～21:30，FOOD
HALL 7:00～凌晨1:00　🈺 不定休

　　新宿車站的長途巴士站區域2016年重新整修後，變成一處**結合長途巴士站、計程車招呼站、電車、美食購物商場、戶外花園、托兒所、醫療診所及藝術活動廣場等，超大型的複合式商場名為NEWoMan**，主要分成電車站體正上方4樓以及隔鄰的MIRAINA TOWER的1～7樓。

> 百貨與高速巴士站結合的複合式商場，新宿話題美食新地標！

達人力推

Map 　Web

❷ 歌舞伎町

📍 新宿區歌舞伎町一丁目、二丁目

Map

　　新宿東口北側就是以聲色場所知名的歌舞伎町，歌舞伎町附近聚集許多餐廳跟居酒屋，可以看到許多上班族和年輕人在此聚會。雖然被稱為是東日本最大風化區，但由於近年來例行淨化專案，這裡可是**居酒屋、餐廳集散地，是晚上用餐的好去處。但還是建議到這裡要結伴同行，也別太晚了還不回飯店唷！**

大片草地、悠閒的池邊空地，不管什麼季節前來，新宿御苑提供人們一個逃出東京繁忙腳步的喘息空間。

③ 新宿御苑

☎03-3350-0151 ⌂新宿區內藤町11 ⊙10/1~3/14 9:00~16:30(入園~16:00)，3/15~6/30、8/21~9/30至18:00(入園~17:30)，7/1~8/20至19:00(入園~18:30) ㊡週一(遇假日順延)、12/29~1/3，3/25~4/24、11/1~11/15無休 ⊛大人¥500，高中生、65歲以上¥250，中學生以下免費

Map

Web

新宿御苑是明治時代的皇室庭園，受當時西風東漸的影響，融合了法國、英國與日本風格的新宿御苑，美麗而優雅。平日可以看到許多上班族在這裡享用午餐，而**春天櫻花盛開時，則成為東京都內有名的賞櫻勝地。**

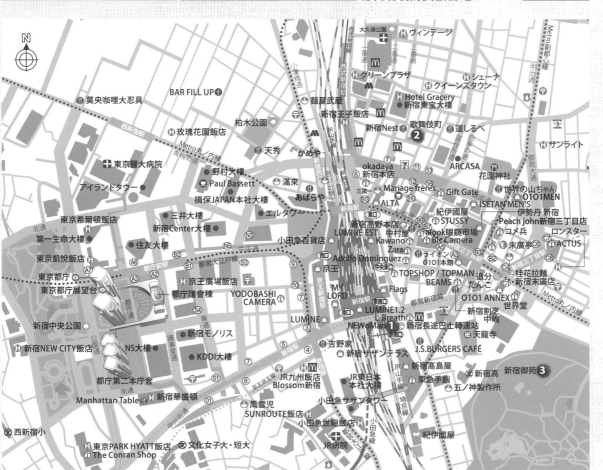

東京
秋葉原
上野
池袋
新宿
原宿
渋谷
恵比寿
新橋 (P150~151)
有楽町 (P86~91)

新宿駅

しんじゅくえき / Shinjyuku Station

❶ Bic Camera 新宿東口店

ビックカメラ

☎03-3226-1111 ⊕新宿區新宿3-29-1 ⊙10:00~22:00

前身為日本國民服飾品牌Uniqlo與電器大賣場Bic Camera結合的「BICQLO」，於2022年6月翻修賣場，以整棟Big Camera賣場之姿重新開幕。包含地下4樓地面8樓的建築，翻修**後從地下到6樓皆為電器賣場，7樓Uniqlo的姊妹服飾品牌「GU」則仍繼續保留店面。**

❷ HARBS

ハーブス

☎03-5366-1538 ⊕新宿區四谷3-38-1ルミネエスト新宿B2F ⊙11:00~20:00 ⑤水果千層蛋糕¥930(內用低消為每人一杯飲料，外帶手提紙袋加收¥50)

HARBS的本店在名古屋，在關東、關西和美國都設有多家分店，**標榜蛋糕皆為當天手工現做未經冷凍，盡量不使用添加物，讓顧客除了能時時品嚐當季水果，更能感受蛋糕本身「最新鮮」的口感。**招牌水果千層蛋糕，每層都夾有不同水果，送進嘴裡每一口都吃得到果肉，和卡士達醬、鮮奶油搭配地恰到好處，讓人幸福滿溢。一塊蛋糕平均價位落在¥800~1,000上下，因為份量夠大，贏得眾人好評CP值超高，所以就算沒時間慢慢排隊等內用，也推薦大家外HARBS蛋糕回飯店吃喔！

東新宿

秋葉原

上野

池袋

新宿

原宿

渋谷

惠比寿

（P150～151）新橋

（P86～91）有楽町

高級水果甜點
超夢幻！

❸ 新宿高野本店

達人
力推

☎03-5368-5147　🏠新宿區新宿3-26-11　💬樓層

各異，約10:00~20:00　💲溫室栽培桃聖代¥2,420

高野是日本著名的高級水果店，發源自新宿，地下兩個樓層販賣與水果相關的商品，還有外賣水果沙拉、使用大量季節水果的創意蛋糕。如果想來點奢侈的味覺饗宴，5樓有單點式的水果聖代餐廳(**タカノフルーツパーラー**)，讓愛吃甜點的顧客盡情品嘗色彩繽紛的水果下午茶。

水果吧中特選當季水果、水果點心與鹹食盡情吃到飽。

Map

Web

新宿駅
しんじゅくえき/ Shinjyuku Station

> 從地面搭乘快速專用電梯，約55秒即可抵達頂樓，天氣晴朗時還可眺望富士山美景。

> 東京免費夜景就在這裡！登上都廳展望台一望讚嘆美景～

① 東京都廳展望台

達人力推

☎03-5320-7890 ⌂新宿區西新宿2-8-1 ◷南展望室9:30~21:30 休南展望室每月第一、三的週二，年末年始 ⑤免費 ❶北展望室因用於疫苗接種休室中

想要免費欣賞東京夜景，或是免費觀賞東京繁華的景象，就一定要來一趟202公尺高的東京都廳展望室。在超高樓層幾乎被辦公空間、飯店、收費展望臺和景觀餐廳占據的東京，屬於政府單位的東京都廳，不但**開放位於45樓的南、北兩處展望室**，還規劃了專用電梯和引導人員，方便觀光客造訪。展望室中，除了能免費欣賞東京夜景，還附設咖啡輕食和紀念品商店，滿足了旅行者可能的需求。

② LUMINE新宿

ルミネ新宿

☎03-5334-0550 ⌂新宿區西新宿1-1-5 ◷11:00~21:00，餐廳11:00~22:00

盤據新宿南口、與NEWoMan隔著馬路對望的站體上方建築，分別是LUMINE新宿，加上東口LUMINE、南口另一側的NEWoMan後，與車站直結又有長途巴士轉運站，可謂新宿南口的南霸天，這裡**以高流行感男女服飾、雜貨、潮流品牌、各式餐廳等，是很多年輕人都愛逛的百貨。**

> LUMINE新宿與NEWoMan隔街並立，人潮洶湧。

③ 新宿高島屋

品牌眾多又與宜得利、紀伊國屋相通，一次逛完所有想要的品牌！

☎03-5361-1111 　⌂渋谷區

千駄ヶ谷5-24-2 　🕙10:30~19:30

㊡不定休

達人力推

高島屋百貨是雄踞新宿南口的百貨霸主，賣場號稱全日本最大，自開幕以來就成為去新宿購物的必逛之地。除了賣場，**12~14樓整整三層的美食街也是新宿最有人氣的用餐地點之一。而B1與5樓賣場皆有通道能通往宜得利與紀伊國屋**，採買雜貨書籍也十分方便。

Map

Web

原宿駅
はらじゅくえき / Harajyuku Station

1 原宿駅

⚲JR東日本原宿

　原宿以年輕時尚聞名，但車站卻十分迷你，月台只有一座，連駅舍的外觀都復古得可愛。**小巧精緻的駅舍建於大正時期，至今已經超過100個年頭，復古的造型是觀光客造訪的拍照景點**，也被選入關東駅百選，與後面的明治神宮一樣，都是原宿裡很不原宿的一抹風景。

Map

Web

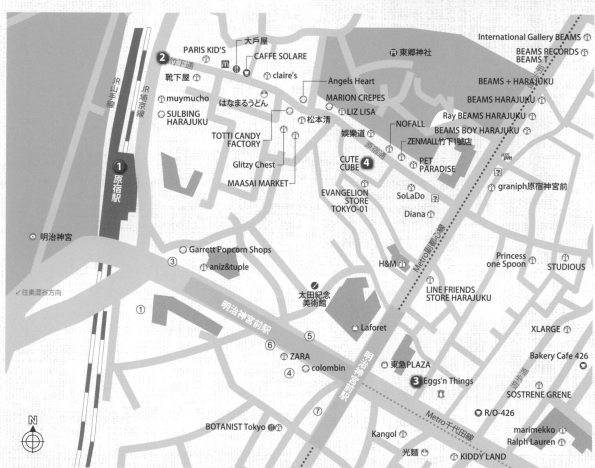

International Gallery BEAMS
BEAMS RECORDS
BEAMS T
BEAMS + HARAJUKU
BEAMS HARAJUKU
Ray BEAMS HARAJUKU
BEAMS BOY HARAJUKU
graniph原宿神宮前

大戸屋
PARIS KID'S
2 竹下通
靴下屋
CAFFE SOLARE
claire's
東郷神社
muymucho
Angels Heart
はなまるうどん
MARION CREPES
SULBING HARAJUKU
LIZ LISA
松本清
NOFALL
TOTTI CANDY FACTORY
娛樂道
ZENMALL竹下1號店
Glitzy Chest
4 CUTE CUBE
PET PARADISE
MAASAI MARKET
EVANGELION STORE TOKYO-01
SoLaDo
Diana
Princess one Spoon
STUDIOUS
明治神宮
Garrett Popcorn Shops
3 aniz&tuple
H&M
LINE FRIENDS STORE HARAJUKU
XLARGE
往奧澀谷方向
1
Bakery Cafe 426
太田紀念美術館
明治神宮前駅
5
Laforet
6
SOSTRENE GRENE
ZARA
colombin
東急PLAZA
3 Eggs'n Things
4
7
R/O-426
marimekko
Ralph Lauren
BOTANIST Tokyo
Kangol
光麵
KIDDY LAND
N

2 竹下通

⌂渋谷區神宮前1

　從JR原宿駅的竹下口出來，馬上就會接到竹下通。這裡的感覺就像是台北的西門町，從首飾、服裝、鞋子到小玩具和大頭貼，**年輕人最喜歡的玩意兒全都聚集在此**，而且價錢也較為便宜，只要是當下最流行的，無論是吃的、穿的、買的、正常的、搞怪的、創意的，來這裡找準沒錯。

3 Eggs'n Things

☎03-5775-5735　⌂渋谷區神宮前4-30-2　🕗8:00~22:30(L.O. 21:30)　🏠不定休　💲
Strawberry Whip Cream w/Nuts(草莓奶油鬆餅)¥1,380

　1974年創立於夏威夷的人氣鬆餅舖Eggs'n Things，其宗旨是「整天都吃得到的早餐店」，店裡還供應早餐、歐姆蛋等鹹食，同樣充滿蛋香。**大片鬆餅配上滿滿的草莓，以及10公分高的鮮奶油，和親朋好友一起分食，過癮極了。**

4 CUTE CUBE

☎03-6212-0639　⌂渋谷區神宮前1-7-1　🕗10:00~21:00(依各店舖而異)

　2013年開幕的CUTE CUBE，裡外盡是年輕氣息與繽紛色彩，**進駐10間店舖的館內有雜貨、餐廳、糖果、流行服飾，其中還有最受少女歡迎的流行休閒服飾スピンズ(spinns)、超可愛的sanrio專賣店**，身上的行頭、飲食、伴手禮在這裡一次搞定，可說是最強的少女流行指標。

東京
秋葉原
上野
池袋
新宿
原宿
渋谷
惠比寿
新橋
(P150~151)
有楽町
(P86~91)

原宿駅
はらじゅくえき / Harajyuku Station

❶ 太田紀念美術館

☎03-5777-8600 　⌂渋谷區神宮前1-10-10 　🕐10:30~17:30(入館~17:00) 　🏠週一(遇假日順延)，展覽更替，年末年始 　💰依展覽主題而異，國中以下免費

　知名的保險公司社長太田清藏在一次探訪芝加哥時被日本傳統的藝術創作浮世繪所吸引，花了半世紀**收集了超過一萬兩千件作品，在他死後所成立的太田紀念美術館便是展示這些浮世繪的場所，館內還有一個小型的日本庭園**，如果想帶點紀念品，浮世繪的相關商品非常具有日本味。

Map

Web

❷ 明治神宮

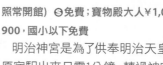
Map

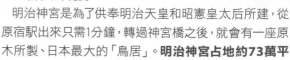
Web

☎03- 3379-5511 　⌂渋谷區代代木神園町1-1 　🕐約5:00~17:00(依季節而異)；寶物殿10:00~16:30(依季節而異)，入殿至閉殿前30分 　🏠寶物殿週四(遇假日照常開館) 　💰免費；寶物殿大人¥1,000，高中生以下¥900，國小以下免費

　明治神宮是為了供奉明治天皇和昭憲皇太后所建，從原宿駅出來只需1分鐘，轉過神宮橋之後，就會有一座原木所製、日本最大的「鳥居」。**明治神宮占地約73萬平方公尺，內有本殿、寶物殿、神樂殿等莊嚴的建築，御苑裡古木參天、清幽自然，是東京都內難得的僻靜之處。**

想要找到最代表日本的風景，明治神宮絕對不會讓人失望。

達人力推

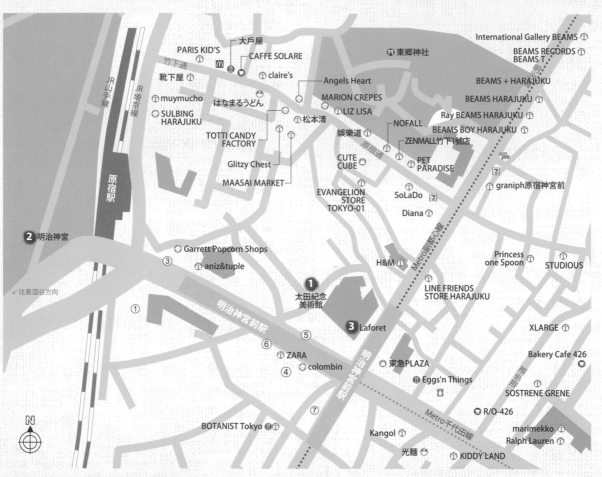

PARIS KID'S
大戸屋
CAFFE SOLARE
竹下通
claire's
靴下屋
Angels Heart
muymucho
MARION CREPES
はなまるうどん
LIZ LISA
SULBING HARAJUKU
松本清
TOTTI CANDY FACTORY
娯樂道
NOFALL
Glitzy Chest
CUTE CUBE
PET PARADISE
MAASAI MARKET
ZENMALL竹下1號店
原宿通

東郷神社

International Gallery BEAMS
BEAMS RECORDS
BEAMS T
BEAMS + HARAJUKU
BEAMS HARAJUKU
Ray BEAMS HARAJUKU
BEAMS BOY HARAJUKU

graniph原宿神宮前

JR山手線
JR埼京線

原宿駅

② 明治神宮

③

Garrett Popcorn Shops
aniz&tuple

↙往奥澀谷方向

①

EVANGELION STORE TOKYO-01

SoLaDo
Diana

Metro副都心線

① 太田紀念美術館

H&M

LINE FRIENDS STORE HARAJUKU

Princess one Spoon
STUDIOUS

明治神宮前駅

③ Laforet

⑤
⑥ ⑦ ZARA
④ colombin

明治通駅前

Eggs'n Things

XLARGE

Bakery Cafe 426

SOSTRENE GRENE

R/O-426

N

BOTANIST Tokyo

Kangol

光麵

Metro千代田線

marimekko
Ralph Lauren

KIDDY LAND

入駐上百家店舖，酷帥風、森林系風格、甜風美格都能充分滿足！

③ Laforet原宿

☎03-3475-0411　◎渋谷區神宮前1-11-6　◷11:00~20:00　㊡不定休

位在明治通和表參道交差點上的Laforet，圓柱型的外觀早已成了原宿的地標，看起來不算大卻**進駐了超過100家店舖，品牌及商品多針對少淑女設計，可說是站在原宿流行的最前端。**

達人力推

Map

Web

東京
秋葉原
上野
池袋
新宿
原宿
渋谷
惠比寿
新橋 (P150~151)
有楽町 (P86~91)

渋谷駅
しぶやえき/ Shibuya Station

① 澀谷STREAM

渋谷ストリーム

⌂渋谷區渋谷3-21-3 ⏷ 時 依店舖而異

　澀谷STREAM優美嶄新又提供大型活動廣場，讓擁擠不堪的澀谷印象一新。**35樓超高樓層有辦公室、飯店、表演場、商場等複合設施，商場集中在1~3樓，幾乎以餐飲為主軸**，最特別的是大樓戶外廣場旁將原本被覆蓋的澀谷溪重見天日，更讓這棟商場有了河畔的悠閒風景，也是商場取名為STREAM的由來。

> 商場大樓正面的稻荷橋廣場，連接有燈光變化的優美大片階梯，日夜皆美。

② 澀谷Hikarie

渋谷ヒカリエ

☎03-5468-5892 ⌂渋谷區渋谷2-21-1 ⏷

購物及各種服務11:00~21:00，餐廳6F 11:00~23:00

> 各樓層引進的甜點、餐廳間間強打，連要吃什麼都得煩惱好一陣子！

達人力推

　Hikarie是辦公大樓與購物中心結合的複合式設施，總樓層有34樓，其劇院「東急THEATRE Orb」為世界最大音樂劇劇場，8/藝廊則延續東急文化館的使命，展出多面向作品。而在所有建設中，最受注目的當屬ShinQs了。地下三層，地面五層，總共八層樓的ShinQs購物商場，結合了**美食、美容、時尚，並以擁有自主能力的20~40歲女性為主要客群。**

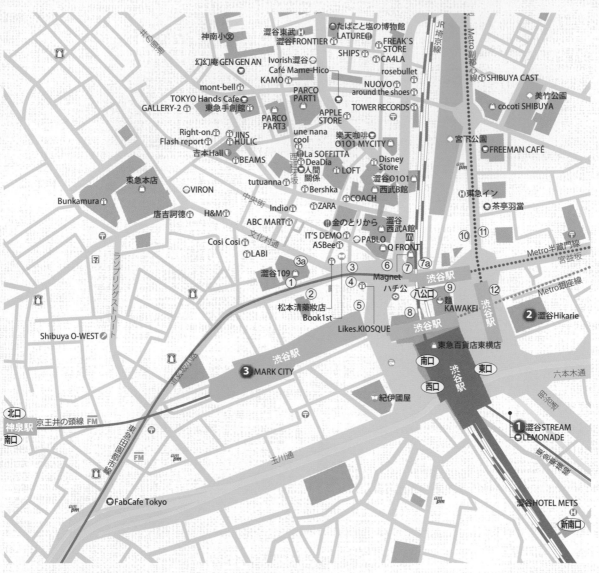

神南小
澀谷東武
澀谷FRONTIER
LATURE
たばこと塩の博物館
FREAK`S STORE
SHIPS
CA4LA
幻幻庵 GEN GEN AN
Ivorish澀谷
rosebullet
Café Mame-Hico
KAMO
NUOVO
around the shoes
mont-bell
PARCO PART1
APPLE STORE
TOWER RECORDS
SHIBUYA CAST
美竹公園
cocoti SHIBUYA
TOKYO Hands Cafe
GALLERY-2
東急手創館
PARCO PART3
Right-on
Flash report
JINS
HULIC
une nana cool
0101 MYCITY
樂天咖啡
宮下公園
FREEMAN CAFÉ
吉本Hall
BEAMS
La SOFFITTA
DeaDia
人間關係
LOFT
Disney Store
澀谷0101
東急イン
茶亭羽當
東急本店
VIRON
tutuanna
Bershka
西武B館
COACH
Bunkamura
唐吉訶德
H&M
Indio
ZARA
ABC MART
金のとりから
澀谷西武A館
⑩ ⑪
Cosi Cosi
IT'S DEMO
ASBee
PABLO
Q FRONT
Metro半蔵門線
宮益坂
LABI
3a
澀谷109
①
②
③
Magnet
ハチ公
④
⑥ ⑦ 7a
渋谷駅
⑨
Metro銀座線
松本清藥妝店
Book1st
⑤
麺KAWAKEI
八公口
⑫
渋谷駅
② 澀谷Hikarie
Likes.KIOSQUE
⑧
渋谷駅
3 MARK CITY
渋谷駅
東急百貨店東横店
南口
西口
渋谷駅
東口
六本木通
紀伊國屋
北口
神泉駅
南口
京王井の頭線 FM
Shibuya O-WEST
1 澀谷STREAM
LEMONADE
FabCafe Tokyo
澀谷HOTEL METS
新南口

3 MARK CITY

☎03-3780-6503　⌂渋谷區道玄坂1-12-1

購物10:00~21:00，餐廳11:00~23:00

Map

Web

　MARK CITY與京王井之頭澀谷站相連，兩棟結合購物與居住、旅館的高樓佇立在道玄坂上，氣勢相當驚人。MARK CITY標榜「成人的澀谷」，不同以新奇取勝的澀谷形象，走高檔路線，企圖在熟女市場中搶下一席之地。另外，**地下的東橫のれん街進駐許多點心名店，像是菊迺舍、鶴屋吉信等都很值得一逛。**

東京
秋葉原
上野
池袋
新宿
原宿
渋谷
恵比寿
新橋（P.150~151）
有楽町（P.86~9）

渋谷駅
しぶやえき/ Shibuya Station

來到澀谷街頭，一定要來到地標景點八公像前打卡留念！

1 忠犬八公像

Map ハチ公

📍JR渋谷駅ハチ公口前

達人力推

忠犬八公是澀谷更是東京最著名的狗銅像，據說原本小八是由一位東大教授所飼養的秋田犬，牠每天傍晚都會去車站迎接主人回家，甚至教授過世後仍然風雨無阻天天到車站前等主人，直到病亡。**為了紀念小八的忠誠，人們特地在站前立下這座雕像，現在也成為日本人在澀谷平常約會見面的地標。**

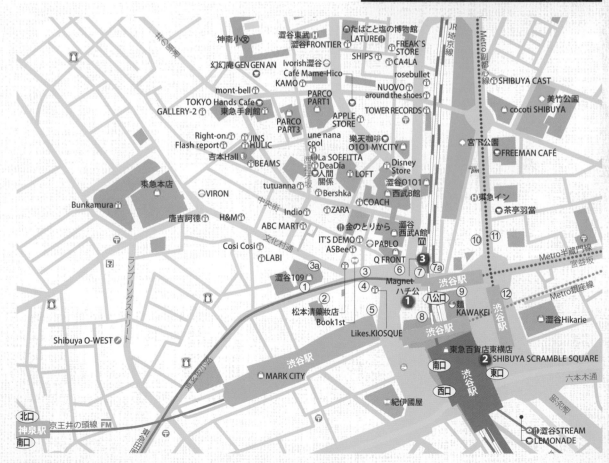

❷ SHIBUYA SCRAMBLE SQUARE

渋谷スクランブルスクエア

📍渋谷區渋谷2-24-12　⏰百貨10:00～21:00，餐廳11:00～23:00

　　2019年開幕的「SHIBUYA SCRAMBLE SQUARE」地上共47樓與車站直結，是澀谷目前最高樓，同時也是**結合展望台、辦公室、產業交流、購物等大型複合型商業設施，致力於扮演「向世界傳播澀谷誕生的新文化」一角**，集結的212家店舖中，有45家是第一次在澀谷展店，並主打「世界最旬」，也就是在這裡看到的，都是從澀谷集結來最新最鮮的人事物。商場內的風格可以讓你感受其年輕活力，從一樓紀念品區、品牌服飾、美食街到頂樓展望台，都值得你一層一層仔細往上逛。

澀谷最夯IG打卡點

●SHIBUYA SKY
位在澀谷新地標「SHIBUYA SCRAMBLE SQUARE」頂樓的全新體驗型展望台「SHIBUYA SKY」，目前是日本最大露天展望區，加上不少人氣偶像團體和知名電視節目在此拍攝取景，吸引不少粉絲朝聖，成為網紅們超強打卡景點。

●Magnet by Shibuya 109頂樓觀景台
展望台可以居高俯視正下方的澀谷知名十字路口外，還設置有一處sky camera，可以用高視角將你跟十字路口一起入鏡，個人照、團體照通通沒問題。

> 位在R層頂樓觀景台入場費￥300。

Prohibited

❸ Magnet by Shibuya 109

☎03-3477-5111　📍渋谷區神南1-23-10　🔽商店10:00～21:00，餐廳～22:00，頂樓11:00～22:00　🔄1/1
💲R層頂樓觀景台入場費￥300，Crossing Photo￥1,000

　　流行風潮瞬息變化的澀谷，代表澀谷流行的109，其中Men's這棟109也改成以**動漫、音樂流行、服飾、美食等的新形態商場Magnet by Shibuya 109**，新整修的7層高大樓在頂樓戶外區則規劃戶外活動舉辦區及CROSSING VIEW展望台。

東京
秋葉原
上野
池袋
新宿
原宿
渋谷
惠比壽 (P.150~151) 新橋 有楽町 (P.86~91)

惠比壽駅
えびすえき/ Ebisu Station

占地廣闊的賣場，晚上走走逛逛超有氣氛。

1 惠比壽花園廣場

YEBISU GARDEN PLACE

☎03-5423-7111 ⌂渋谷區惠比寿4-20 ◷休依店舗而異

達人力推

Map

Web

惠比壽花園廣場打著「惠比壽STYLE」為概念的本區，是一個**齊聚購物、餐廳、博物館的流行地**，當然更有許多浪漫的約會餐廳，人氣日劇《花より男子》(流星花園)就曾以這裡為場景，而夜晚打上燈光的它，更散發著優雅質感，所謂的「惠比寿STYLE」正是這種成熟洗練的流行味道！

2 LUXIS

☎03-5428-2288 ⌂渋谷區惠比寿西1-7-3(ZAIN EBISU B1)
◷16:00~凌晨5:00

潛入惠比壽地下的魔幻用餐空間，中世紀深色神秘的氛圍，搭配大理石、深紅色絨布沙發還有蠟燭吊燈的華麗詭譎。面對著熱帶魚悠遊自在的姿態，夜晚更增添了感性夢幻的情調。餐廳所供應的和洋混搭風格料理，搭配上精心調配的雞尾酒，就是一餐難忘的華麗饗宴。

Map
Web

挑高天井與一片迷幻藍色水族箱的包圍，用餐空間的極致創意想像完全濃縮在這地下空間當中。

在駄菓子バー吃飽與吃好玩的通通都可以滿足。

昭和年代的懷舊空間，零食、點心任你吃！

3 駄菓子バー

☎03-5458-5150 ⌂渋谷區惠比寿西1-13-7 ◷週二~四17:00~23:30（L.O.22:30），週末例 假日15:00~23:30(L.O.23:00) ⑤入場¥500(零嘴吃到飽)，あげパン(炸麵包)¥200 ❶入場後，每人至少需再點一杯飲料。池袋、渋谷等處亦有分店

達人力推

Map
Web

推開駄菓子バー的復古木門，室內完全木造的空間擺滿零嘴，馬上喚醒童心，這裡**採入場零嘴吃到飽的方式**，有超過100種以上的日式懷舊零嘴，想吃什麼就拿什麼。除此之外，店內也有套餐可以選擇，連提供的料理都十足復古懷舊。

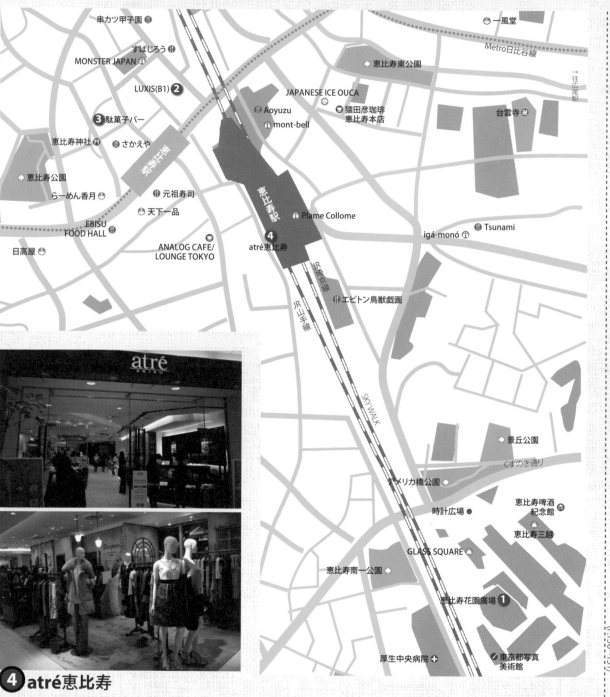

串カツ甲子園 🏮
一風堂 🍜
Metro日比谷線
すぱじろう 🏮
MONSTER JAPAN 🍜
恵比寿東公園
→往広尾駅
LUXIS(B1) ②
JAPANESE ICE OUCA
台雲寺 卍
③ 駄菓子バー
🍴 Aoyuzu
🍴 猿田彦珈琲
恵比寿本店
恵比寿神社 ⛩
さかえや
🍴 mont-bell
恵比寿公園
恵比寿駅
らーめん香月 🍜
元祖寿司
Plame Collome
天下一品
igá-monó 🍜
🍜 Tsunami
EBISU
FOOD HALL
④
日高屋 🍜
ANALOG CAFE/
LOUNGE TOKYO
atré恵比寿
JR埼京線
エビトン鳥獣戯画
JR山手線
SKYWALK
景丘公園
くすのき通り
アメリカ橋公園
恵比寿啤酒
紀念館
時計広場 ●
恵比寿三越
GLASS SQUARE
恵比寿南一公園
恵比寿花園廣場 ①
厚生中央病院 ✚
東京都写真
美術館

④ atré恵比寿

☎03-5475-8500　🏠渋谷區恵比寿南1-5-5　🕐10:00~21:00，6F餐廳11:00~22:30

　　隸屬於JR的車站購物中心，聚集各種類的購物商店，**舉凡服裝、化妝品、雜貨通通可一次購足**，還有許多和洋日中等各國料理的美味餐廳，更有販賣日本和進口食材的超市「**成城石井**」，是許多上班族每天都要報到地方。

Map

Web

63

JR中央総武線
Chuo Soubu Line

Data
起訖點:三鷹~高尾
通車年份:1911年全線開通
車站數:39站
總長度:53.1km

如果說山手線是逛街購物的玩樂路線,那麼中央本線就是生活商務的路線,因為若從東京到新宿,比起環狀線,採取直線路徑的中央線大幅減少了交通時間,成為忙碌東京人的最愛。事實上,中央線的軌道上,有不同的列車行走,有從三鷹前往千葉縣,每站都停車的中央總武線,被東京人暱稱為黃色路線,而連接東京─高尾的快速列車,則以橘色車身讓人印象深刻,不過,JR為了讓電車形象統一,陸續以銀色車身漆上橘色線條的電車來汰換,可愛的橘色中央線也只能停留在回憶裡了。

中野駅

距離新宿約7分多鐘車程的中野,有著熱鬧的商店街、居酒屋夜生活區與安靜的住宅區,看似普通的生活商圈裡卻隱藏著一處會令動漫迷與模型迷們瘋狂的中野BROADWAY大樓,此外還有買賣中古相機的店家,以及知名的拉麵店,處處充滿挖寶般的驚奇。

MANDARAKE中野店
店內擺滿會讓漫畫迷和模型迷們大聲尖叫的商店,無論是中古模型、舊書、動漫和相關產品或是絕版同人誌都有,被玩家暱稱為「巨大要塞」,逛一天也逛不完。

飯田橋駅

飯田橋從江戶時代起就是庶民文化的發源之地,像是保存了江戶的情緒風景,散發著復古味的神樂坂、洋溢著悠閒感的外堀通、優雅情調的坂坡路等,雖沒有大城市的新潮流行,但當旅客不經意地迷路於這些巷弄中,卻都能感受深蘊其中的好風情。來到這裡,彷彿進入時光隧道,品嚐老街美食之後,欣賞水道畔的自然風光,好不愜意。從此站還可轉換Metro東西線、有樂町線、南北線與都營大江戶線,交通十分便利。

赤城神社
在主殿旁有一個保佑學生考試合格的螢雪天神十分靈驗,使這裡也成為新的合格祈願新名所。

P.80-81　P.74-75　P.76-79　P.72-73　P.70-71　P.68-69　P.48-53

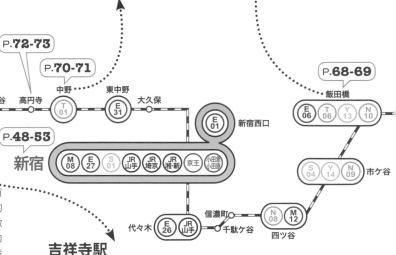

三鷹　吉祥寺　西荻窪　荻窪　阿佐ケ谷　高円寺　中野　東中野　大久保　新宿西口　飯田橋　市ケ谷　新宿　代々木　信濃町　千駄ケ谷　四ツ谷

三鷹駅

三鷹駅雖然只有JR中央本線通過,但因為有鼎鼎大名的「吉卜力美術館」而成為眾人造訪的地方,是JR東日本所有車站中,非轉車站中人數第二多的車站。從南口出來可以搭乘前往吉卜力美術館的貓巴士,如果走上風之散步道也能造訪文豪太宰治跳河的記念碑,再往前走就能抵達吉卜力美術館。

吉祥寺駅

吉祥寺是個充滿個性的幸福小鎮,車站的南北兩面,展現兩種完全不同的逛街心情。從南口出發往井之頭恩賜公園,是嬉皮浪人藝術家的路線,即使不買東西,走走看看都覺得有趣,到了春天櫻花滿開,美不勝收。北口的口琴橫丁充滿庶民況味,往西邊的中道通走,則會發現許多可愛的生活雜貨小舖。因此雖然在東京23區外,卻榮登東京人最想居住的區域第一名。

Stop by Stop零殘念精華路線推薦
達人帶你玩中央本線

三鷹駅
➔1 吉卜力美術館
建議參觀時間：
120~180分鐘
由動畫大師宮崎駿所策劃，將其所有知名作品龍貓、魔女宅急便、風之谷、神隱少女等動畫的製作過程大公開，在這裡可以找到大家共同的記憶，建議預約早上的場次，有效利用有限的假期，下午再到別處繼續體驗東京風情。

吉祥寺駅
➔2 井之頭恩賜公園
建議參觀時間：60~90分鐘
井之頭恩賜公園原為皇室公園，後來開放一般市民使用。整個公園以湖水為中心，春暖花開之際，沿著湖畔散行，春櫻在陽光照耀下透出澄淨、爽朗的粉白色，美不勝收。

吉祥寺駅
➔3 いせや 公園店
建議參觀時間：40~60分鐘
吉祥寺名物燒烤的知名店舖いせや，開店已經超過80年，除了料理美味，店裡氣氛隨性，便宜的價格也是吸引力之一，燒烤配上溫熱燒酎或是暢快啤酒，就是充滿日式居酒屋風情的愉快味覺體驗。

飯田橋駅
➔4 本多橫丁／輕子坂
建議參觀時間：
60~90分鐘
本多橫丁是神樂坂地區最大的街道，江戶中期時這街道以東都屬於本多家的屬地，小巷弄中還保有當時的石坂路，與店家交織出令人懷念的氣氛。與神樂坂平行的輕子坂名稱由來江戶時代，因為神田川上搬運貨物的人被稱為輕子，沿著斜坡，一邊是咖啡店和舊式店家，另一邊則是新穎的地鐵站附近餐廳，很有獨特的在地生活感。

後樂園駅
➔5 小石川後樂園
建議參觀時間：
60~120分鐘
德川家以泉池為主景所建造的回遊式築山泉水庭園，不但取名自范仲淹的《岳陽樓記》，庭園中許多角落也以中國名景命名。園內最有名的景色是春天盛開的百歲枝垂櫻，秋天也有紅葉可賞。

東京駅
➔6 TANITA食堂
建議參觀時間：40~60分鐘
日本的體脂體重計大廠TANITA的員工餐廳以均衡飲食幫助員工減重，引起話題後直接開設了一間食堂，將自家員工餐廳的伙食對外開放，讓一般大眾也能品嚐。這裡的定食每一份的熱量都在500大卡前後，且蔬菜增量、鹽份減量，吃來飽足卻又清爽無負擔。

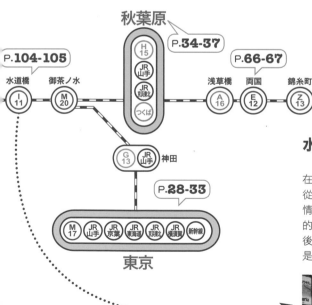

秋葉原
P.104-105
P.34-37
P.66-67
水道橋 御茶ノ水 浅草橋 両国 錦糸町 東武亀戸 平井 新小岩 小岩 市川 本八幡 下総中山 西船橋
神田
P.28-33
東京

JR
中央総武線

水道橋駅

　　雖然離後樂園駅與春日駅有一段距離，但水道橋駅可是在東京巨蛋城的另一頭，是前往這個地區的另一個選擇。從水道橋駅到神保町的古書街也十分近，讓愛書人可以盡情尋找夢幻書籍，而夾在中間的東京巨蛋城則有著最豐富的娛樂設施，盡情在巨蛋看一場精采的球賽或演唱會、在後樂園搭乘令人驚聲尖叫的雲霄飛車、在天然溫泉泡湯或是從東京圓頂飯店眺望絕麗景觀，足以玩樂一整天。

東京巨蛋球場
建於1988年的東京巨蛋，是日本的第一座巨蛋球場，也是東京主要的地標之一。不但是棒球迷們心中的神聖殿堂，也經常用來舉辦大型演唱會。

両国駅
りょうこくえき/ Ryokoku Station

1 兩國江戶NOREN

💬 老建物注入新生命，品味純粹江戶食樂文化。

達人力推

☎03-6658-8033　🏠墨田區橫網1-3-20 (JR兩国駅西口直結) ▼

Map

10:00~23:00(店家營業時間各異)

於2016年建造的複合式飲食施設「兩國江戶NOREN」，是由築於1929年的兩國駅舊車站所改建而成，2層樓建築進駐約8間店舖，室內風格以江戶町屋、屋台樣式並融入相撲土俵設計，**進駐店家皆以百年老舖、江戶流為主**，像是來自豐洲市場的百年壽司老店佃 瀧三郎，或是創業於明治4年的老舖月島もんじゃ もへじ等；於1樓設有兩國觀光資訊中心。

Web

©兩國江戶NOREN

💬 舉行大相撲時，場外排滿了聲援力士們的旗幟。

2 國技館

☎03-3623-5111　🏠墨田區橫網1-3-28

Map

⏰依比賽日期有所不同，相撲博物館10:00~16:30　🚫依比賽日期有所不同，相撲博物館每週末、例假日休館

Web

💲相撲博物館免費

相撲是日本獨有的運動，在東京要看相撲就是國技館了。每年**固定舉辦的6次大相撲之中，1月(初場所)、5月(夏場所)、9月(秋場所)**都是在這裡舉辦，也是這兒最熱鬧的時刻。而平時沒有比賽的時候，也可以來這裡參觀相撲博物館，雖然小小的，但展示著與相撲有關的資料，喜愛傳統日本國技的朋友千萬不能錯過。

©兩國江戶NOREN

JR 中央総武線

両国

秋葉原 (P34~37)

水道橋 (P104~105)

飯田橋

新宿 (P48~53)

中野

高円寺

西荻窪

吉祥寺

三鷹

隅田川花火大會
早在200多年的江戶時代，兩國就開始花火大會，後來曾因戰爭而中斷，昭和36年(1961)又因交通因素而停止，經過約20年，昭和53年才又在熱心人士的奔走下而恢復。固定於每年7月第4個星期六舉行(雨天則取消或延期)。

地圖標示：
- 東京都復興記念館
- 横網町公園
- 両国テラス
- 旧安田庭園
- 浪花家本店
- 都営大江戸線
- 両国国技館 ②
- 両国江戸 NOREN ①
- ③ 江戸東京博物館
- 両国駅
- 両国駅
- JR総武本線

博物館呈現東京歷史、生活面乃至都市構造的調查研究。

一比一江戶城就在眼前，彷彿穿越時空回到江戶時代！

達人力推

③ 江戶東京博物館

☎03-3626-9974 ⚓墨田區橫網1-4-1
9:30~17:30，週六9:30~19:30，最後入館時間為閉館前30分 🈲週一，不定休 💰常設展成人¥600，大學生¥480，國高中生¥300，小學生免費。特別展需另外收費，價格依展覽而定 ❗博物館因進行大規模設施整修休館，預計於2025年重新開放

Map

Web

　江戶是東京的舊稱，也是德川家康所創建的德川幕府的大權所在地。德川幕府持續了260多年(1603~1867)，江戶東京博物館所呈現的就是這段期間東京風貌與文化的相關展示，**博物館的常設展區可分為「江戶區」與「東京區」**，在這兩個展區分別展出江戶時期的傳統建物與東京初期的摩登建築，就連有名的「日本橋」也都是1:1製作，走進這裡就像真的置身在一個城鎮之中，十分逼真。

飯田橋駅
いいだばしえき / Iidabashi Station

經典格子設計與地方融和，現代化的透明神社讓人大開眼界。

隈研吾建築代表作。

① 赤城神社

達人力推

☎03-3260-5071 ◎新宿區赤城元町1-10 ●自由參拜

　赤城神社前身建於昭和34年(1959)，由於建築漸漸老朽，且少子化的影響讓神社附設經營的育幼院收入大不如前，神社一度面臨關閉的命運。此時三井不動產提出了「赤城神社再生計劃」，**請來日本建築大師隈研吾設計規劃**，代價便是在神社境內的空地蓋起公寓，以70年的時間經營租借，70年後土地所有權回歸神社，神社會將這塊土地再植回綠樹，恢復神社境內原本的森林。

Map

Web

② CANAL CAFE

Map

Web

☎03-3260-8068 ◎新宿區神樂坂1-9 ●
11:30~22:00，週日例假日11:30~21:30；東京水上俱樂部11:30~16:00(日落) ⑤Special lunch set午餐￥2,850起；東京水上俱樂部租船1~2人30分鐘￥1,000

　沿著外濠河畔搭建的義大利餐廳CANAL CAFE，河畔浪漫的氣氛，常成為電視電影的外景拍攝地。**店裡最有魅力的位置，莫過於水邊木色棧橋所架成的露天甲板區**，午間套餐有義大利麵、披薩等，也可以單點飲料和蛋糕。

JR
中央
総武線

両国

秋葉原
(P.34~37)

水道橋
(P.104~105)

飯田橋

新宿
(P.48~53)

中野

高円寺

西荻窪

吉祥寺

三鷹

❸ AKOMEYA TOKYO in la kagu

☎03-5946-8241 ⊙新宿區矢來町67 ▾
11:00~20:00，餐飲11:00~20:00(L.O.19:30)

　AKOMEYA(米屋)集結日本精選20多種美味米，不但提供顧客購買米、各式餐桌上需要的醬料、食料，烹飪器具等日本職人品牌，也能一次購足。除了購物，更把AKOMEYA食堂放進來，**現場就能吃到美味主餐與甜點咖啡，加上二樓的雜貨風服飾與主題快閃食材店、飲食活動空間等**，讓高品質食飲與生活風格追求者，在此一次滿足。

Map

Web

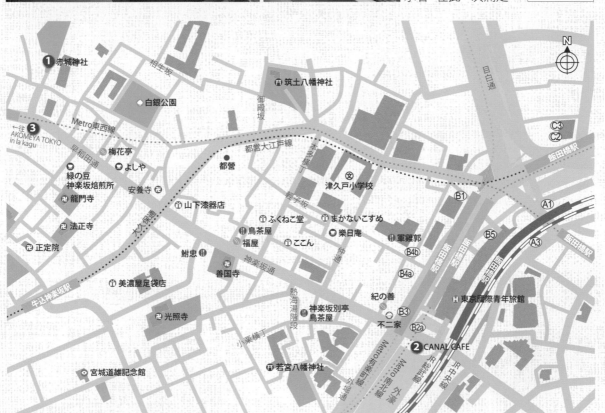

中野駅
なかのえき/ Nakano Station

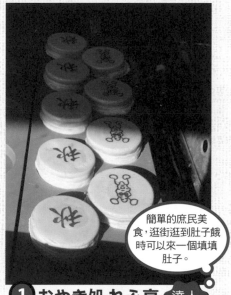

> 簡單的庶民美食，逛街逛到肚子餓時可以來一個填填肚子。

❶ おやき処 れふ亭　達人力推

☎03-3387-3048　🏠中野區中野5-63-3　🕚11:00~21:00　💲小倉紅豆￥160

位在中野的れふ亭是一家今川燒專門店；所謂今川燒就是台灣的車輪餅。這裡的今川燒跟台灣將外皮烤的酥酥脆脆的口感不一樣，**綿密柔軟的外皮包著濃郁的內餡，趁熱一口咬下去，老東京的懷念滋味瞬間躍上味蕾。** 除了基本紅豆、奶油等口味外，れふ亭也依照季節推出不同限定口味。

> 上頭還會印上不同字或圖案區分口味，相當可愛。

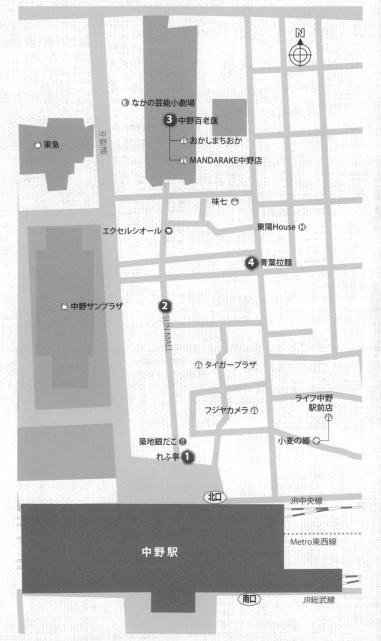

② SUN MALL

サンモール

☎03-3387-3586商店街組合事務所 ⌂中野區中野

從**JR中野駅北口出來**，向前走就會看到一條有加蓋的商店街，在裡面逛街不用怕風吹日曬雨淋，更重要的**是藥妝店、拉麵店、餐廳、動漫模型店、中古商店等應有盡有，尤其連續幾家藥妝店，部分商品價格比起主要大站來得便宜**，可以一次把想買的東西補齊。

③ 中野百老匯

中野ブロードウェイ

⌂中野區中野5-52-15 ⏰依店舖而異

通常來中野的人目的都是這一棟中野百老匯，已經有近50年歷史的大樓內共有4層樓的開闊面積，聚集了各式各樣的店舖，有點像是西門町的商業大樓。由於知名二手漫畫店MANDARAKE中野店在此進駐，並在1~4樓設了**20餘個不同專門的店舖**，許多模型、玩具、遊戲軟體或動漫畫相關的小店紛紛在此開幕。

可以在中野ブロードウェイ挖到許多絕版的稀世珍寶。

醬油與魚乾所熬成的湯頭，香醇的道地美味。

小魚乾配上雞豬骨的湯頭，具備魚介類的鮮香、大骨湯的醇厚，配上簡單的麵條配菜，更顯美味。

④ 青葉

☎03-3388-5552 ⌂中野區中野5-58-1

10:30~21:00 ⌂中華そば(拉麵)¥780

達人力推

青葉拉麵雖然不算是拉麵老舖，卻是中野最有名的人氣拉麵店，全東京的分店也有十間以上。位於中野的小小店舖是青葉的總本店，從早上開店就大排長龍，常常不到下午就賣光了。美味的秘密是醬油與魚乾等嚴選素材所熬成的湯頭，加上適當的麵條與配料，讓人一吃就上癮。

両国

秋葉原
(P34～37)

水道橋
(P104～105)

飯田橋

新宿
(P48～53)

中野

高円寺

西荻窪

吉祥寺

三鷹

高円寺駅
こうえんじえき/ Koenji Station

動畫電影
《天氣之子》中
祈求好天氣的
神社。

達人
力推

② 氣象神社

気象神社

☎03-3314-4147 ⊙杉並區高圓寺南4-44-19 ▾

8:00～17:00

　冰川神社入口旁的末社氣象神社，以**日本唯一一座針對天氣的神社**而得名。這間神社原本設在馬橋一帶的陸軍氣象部中，是當年氣象觀測員上工前祈願的小社，遷移後的神社位在住宅區附近，不少報考氣象士國考的考生會來這裡祈求考試順利，最有趣的傳說則是某電器廠商在這裡許願後，當年夏天天氣果然晴朗炎熱，冷氣大賣。

Map

Web

① 純情商店街

☎03-3337-2000 (高圓寺銀座商店會協同組合) ⊙杉並區高円寺北

　雖然名字有些萌系味道，但**純情商店街名字的由來，可是因為1989年直木賞受賞的文學作品「高圓寺純情商店街」**。作家ねじめ正一以童年居住的高圓寺銀座商店街為藍本，寫出充滿人情味的溫暖小品，銀座商店街也跟著作品成名一同更名。

Map

Web

許願用的木屐造型繪馬上，寫滿了「脫雨女！」「希望遠足/結婚當天天氣晴朗」等願望，別具特色。

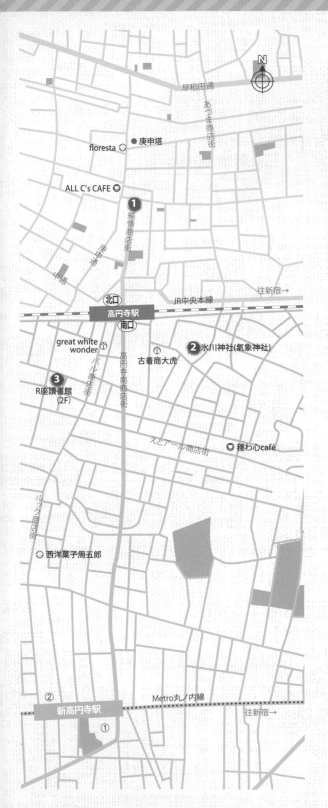

高圓寺阿波舞大會

🏠 杉並區高圓寺商店街　🕐 8月最後一個週末

已舉辦超過55屆高圓寺阿波舞大會，是相當具有人氣的夏日祭典，每年約吸引120萬人次共襄盛舉，還有約150連(隊伍之意)、近一萬名的舞者在街道上熱力勁舞，熱鬧歡慶的氣氛渲染全場，也為高圓寺沒落的商店街帶來滿滿活力。

在R座讀書館可以安心遁入屬於自己的閱讀時光。

商店街裡難得的靜謐咖啡廳。

❸ R座讀書館

達人力推

☎ 03-3312-7941　📍 杉並區高円寺南3-57-6 2F

🕐 12:00~22:30　🚫 週一(遇假日順延)　💲 飲料 ¥550起　❶ 為維護室內安寧，禁止長時間或大聲交談、使用手機

　位於小巷2樓的R座讀書館說是咖啡店，但更貼切的形容或許正如其名——讀書館。這是愛書的主人打造出的閱讀空間，推開門，映入眼簾的是一室綠意，**泛著些許歲月痕跡的深木色桌椅，盡頭大大的書櫃和個人座上光線搖曳的水族箱。帶著些許隱密氣息、靠窗或面對水族箱的個人座是店裡最熱門的位置。**Menu部分提供咖啡、茶飲和少數甜食，種類單純但美味，架上的書也可以自由取下閱覽。

両国

秋葉原
（P.34～37）

水道橋
（P.104～105）

飯田橋

新宿
（P.48～53）

中野

高円寺

西荻窪

吉祥寺

三鷹

西荻窪駅
にしおぎくぼえき/ Nishiogikubo Station

> 許多東京人也會特地來這裡品味美食，並感受濃濃的庶民熱力。

> 市街上感受日本最有活力的庶民居酒屋！

1 焼き鳥戒 西荻北口店

達人力推

☎03-3390-8445 🏠杉並區西荻北3-19-12 ⌄
16:00～22:00，週五～22:30，週六12:00～22:30，
週日12:00～21:30 💲各式串燒￥95起，刺身盛合
せ(綜合生魚片)￥580

Map

Web

創業已40年的戒，位於西荻窪車站北口附近，是富有日本庶民氣氛的人氣居酒屋。狹小的店內架著幾張桌椅，從傍晚便開始聚集飲酒吃串燒的人們，熱鬧的氣氛一直持續到深夜，隨著烤爐上的炭火愈燒愈熱；而這抹街角的昏黃燈光已成了西荻窪的名物。

西荻古董祭／手作市集

🏠杉並區西荻北4-35-9 井荻會館 ⌚每年春秋的週五(一天)9:30～17:00(詳細日期請見網站)，手作市集每月第四個週日10:00～17:00

北西荻是東京戀舊迷聚集的聚落，古董商店在街角靜謐佇立，櫥窗擺放古樸的杯盤、昭和時代玻璃、西洋生活道具或者古美術品。每年兩度機會難得，另外每月第四個週末，同樣場地還有販售手工商品的手作市集。

2 松庵文庫

☎03-5941-3662 🏠杉並區松庵3-12-22 ⌚週三、四、日9:00～18:00，週五、六9:00～22:00 🚫週一、二 💲咖啡￥650，午餐套餐(含甜點)￥2200

> 復古桌椅與書櫃穿插，書架陳列包括生活、飲食、手作、旅遊等生活選書。

以「文庫」為名，原因是文庫本書籍代表著知識，並定義為「學習場域」，**在這裡人與書、人與人互動，學知識，也學如何讓生活更貼近理想**。松庵文庫從書香咖啡拓展到雜貨，角落空間販賣創作好物，而餐點也因為和小農接觸的緣故，使用大量鮮蔬烹調，以實際行動表態支持。

綿密蛋糕更是充滿蛋香，清爽的奶油餡起了潤滑作用，讓人吃再多也不膩！

❸ Tea & Cake Grace

大人氣草莓蛋糕！

達人力推

☎03-3331-8108 🏠杉並區西荻南 3-16-6 🕐11:00~19:00 🈺週日 💲

いちごのショートケーキ(草莓蛋糕)¥1,100，Graceブレンドティー(招牌紅茶)¥600

坐落在瀟洒宅邸中的Grace，蛋糕價格不算便宜，一塊約1,000日幣還要再加稅，但這塊蛋糕的份量可不馬虎，滿滿的水果與濃厚的蛋香，讓人大呼物超所值。**選個天晴的午後，坐在窗邊品嚐微苦回甘的紅茶，配上不甜不膩的草莓蛋糕，一口一口滿是幸福的感覺。**

Map

両国 (P34~37) 秋葉原 水道橋 (P104~105) 飯田橋 新宿 (P48~53) 中野 高円寺 西荻窪 吉祥寺 三鷹

○ a tes souhaits

🏠井荻會館(古董市集)
gallery蚕室

善福寺川

♨ 文化湯

西荻紙店(2F) 🏠
どんぐり舎 🏠   🏣 西荻窪郵便局
🏠 旅の本のま

古書音羽館   🏠 Timeless
         beco café
🏠 FALL   焼き鳥 戎 ❶   三峯神社 🏠
                        西荻イトチ

←往吉祥寺   JR中央本線   西荻窪駅   ❸ Tea & Cake Grace

仲通街

Re:gento 🏠   猫の手書店

🏣 杉並西荻南郵便局

N

❷松庵文庫

🏠 TRIFLE

吉祥寺駅
きちじょうじえき / Kichijoji Station

両国

秋葉原（P.34~37）

水道橋（P.104~105）

飯田橋

新宿（P.48~53）

中野

高円寺

西荻窪

吉祥寺

三鷹

❶ 井之頭恩賜公園

☎0422-47-6900　🏠武蔵野市御殿山1-18-31　🕐自由入園

> 東京最美的休閒公園。
>
> 達人力推

原是皇家公園的井之頭恩賜公園，**以中央的湖池為核心，周邊植滿約兩萬多棵的樹木，隨著四季更迭而呈現出不同的美景。**喜歡湊湊熱鬧，不妨嘗

試租一艘遊湖腳踏船，學日本人在櫻花垂落的岸邊湖面上賞花，近看悠游湖中的肥美鯉魚。園內另外還有能親近動物的自然文化園區、水生物館、資料館、雕刻館等文化設施。

> 春季更是最有人氣的賞櫻景點。

> 車站直結百貨，讓你逛得盡情又美麗！

> 周邊進駐百貨商場後，為吉祥寺更添便利性。

❷ Kirarina京王吉祥寺

☎0422-29-8240　🏠武蔵野市吉祥寺南町2-1-25　🕐10:00~21:00，部分商店有異，詳洽官網

> 達人力推

由京王電鐵策劃經營的「Kirarina」，於2015年在京王井之頭線吉祥寺駅直通的大樓開幕。**全棟共有近百間店舖入駐，其中高達7成店舖皆為初次來吉祥寺展店的品牌**，其中包括AYANOKOJI、四步等，Kirarina京王吉祥寺以時尚流行為中心，提供服飾、美妝、雜貨新選擇。

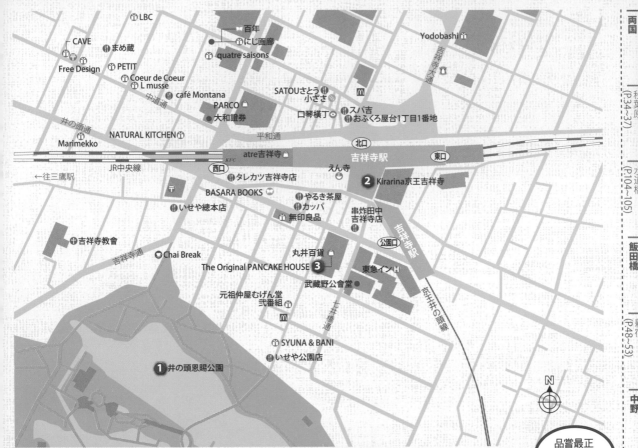

LBC
CAVE
まめ蔵
Free Design
PETIT
Coeur de Coeur
L musse
café Montana
中道通
PARCO
大和證券
NATURAL KITCHEN
井の頭通
Marimekko
平和通
JR中央線
← 往三鷹駅
西口
KFC
atre吉祥寺
タレカツ吉祥寺店
BASARA BOOKS
いせや總本店
吉祥寺通
吉祥寺教會
Chai Break
The Original PANCAKE HOUSE 3
元祖仲屋むげん堂
弐番組
七井橋通
SYUNA & BANI
いせや公園店
1 井の頭恩賜公園

百年
にじ画廊
quatre saisons
SATOUさとう
小ざさ
口琴横丁
スパ吉
おふくろ屋台1丁目1番地
北口
吉祥寺駅
東口
えん寺
2 Kirarina京王吉祥寺
やるき茶屋
カッパ
無印良品
串炸田中
吉祥寺店
公園口
丸井百貨
東急イン H
武蔵野公會堂

Yodobashi
吉祥寺大通
吉祥寺駅
京王井の頭線

N

JR中央總武線

両国
（P.34～37）

秋葉原

水道橋
（P.104～105）

飯田橋

新宿
（P.46～53）

中野

高円寺

西荻窪

吉祥寺

三鷹

品嘗最正宗的美式鬆餅風味。

3 The Original PANCAKE HOUSE

達人力推

☎0422-26-6378 ⚓武藏野市吉祥寺南町1-7-1 丸井百貨1F ⌄

10:30~20:00 💲ダッチベイビー(Dutch Baby) ¥1,430

　1953年起源於奧勒岡州波特蘭市的「The Original PANCAKE HOUSE」，以鬆餅贏得美國人的喜愛，看似平凡的鬆餅內容經得起時代考驗，大廚從原料、醬料到打發奶油都不假手於他人。**菜單內有香蕉、草莓等十數種口味的美式鬆餅**，盛滿繽紛水果的比利時鬆餅，法式薄鬆餅，以及其他鹹食類的早餐選擇。

Map

吉祥寺駅
きちじょうじえき/ Kichijoji Station

吉祥寺名物的
烤雞肉串店！

1 いせや 公園店

☎0422-43-2806　⌂武藏野市吉祥寺南町1-15-8
12:00~22:00　週一　$燒き鳥(烤雞串)一串￥100

吉祥寺名物——**燒烤的知名店舖いせや，在吉祥寺開店已經超過80年**，除了料理美味，店裡氣氛隨性，便宜的價格也是吸引力之一。像是炭火烤雞肉一串￥100，其他下酒小菜也一樣以便宜的價格提供，配上溫熱燒酎或是暢快啤酒，就是充滿日式居酒屋風情的愉快味覺體驗。

達人
力推

Map

いせや用料新鮮，調味恰到好處，重點是超級便宜。

2 SATOU
さとう

☎0422-22-3130　⌂武藏野市吉祥寺本町1-1-8
10:00~19:00 (炸肉餅10:30~)　年始　$元祖丸メンチカツ(炸牛肉餅)￥270，激うまコロッケ(可樂餅)￥180

吉祥寺肉丸名店SATOU，從開店至今已經超過三十年歷史，從現炸肉餅、可樂餅開賣的前半小時，便已排成長長人龍，**SATOU炸肉餅受歡迎的原因是採用頂級松阪牛肉來製作肉丸**，讓看似平凡的輕便小食，變得高貴又親民，一個僅要￥270即可享用到。

Map　Web

可樂餅加入松阪牛製作，充滿講究感。

JR
中央
総武線

両国

秋葉原 (P.34~37)

水道橋 (P.104~105)

飯田橋

新宿 (P.48~53)

中野

高円寺

西荻窪

吉祥寺

三鷹

④ タレカツ吉祥寺店

☎ 0422-43-0429　🏠武蔵野市吉祥寺南町1-1-9　⏰
11:00~22:00　💰カツ丼(炸豬排丼飯,附味噌湯+醬菜)¥960

Map　Web

　タレカツ是一種
將剛炸好的薄片豬
排放進甘甜醬罐裡輕
沾,再盛至熱騰騰的白
飯上的丼飯,現在看來和風十足,據說這可是來自西
洋「cutlet」炸肉排的洋食呢!**新潟タレカツ的炸肉排
扁扁薄薄的,沾上細緻麵包粉炸過後,外表香酥而
肉質仍保有香甜肉汁。**

③ まめ蔵

☎ 0422-21-7901　🏠武
蔵野市吉祥寺本町2-18-
15　⏰ 11:00~21:00　💰や
さいカレー(蔬菜咖哩)¥1,000

Map　Web

　まめ蔵十幾種咖裡菜單中,**像是野菇咖哩、雞肉咖
哩、豆子咖哩都有死忠支持者,想要吃得健康新鮮,
可以嘗試使用大量蔬菜的招牌蔬菜咖哩,**蔬菜的甜
味配上咖哩醬的香味,並帶有隱約的辣度,豐富的野
菜提供一日份的纖維質和養分,在咖哩競爭激烈的
吉祥寺中,穩坐人氣寶座。

地圖標示:
CAVE
③ まめ蔵
Free Design
PETIT
Coeur de Coeur
L musse
café Montana
PARCO
大和證券
中道通
NATURAL KITCHEN
井の頭通
Marimekko
←往三鷹駅
JR中央線
西口
BASARA BOOKS
〒
いせや總本店
吉祥寺教會
吉祥寺通
Chai Break
元祖仲屋むげん堂
弐番組
SYUNA & BANI
① いせや公園店
井の頭恩賜公園

百年
にじ画廊
quatre saisons
SATOU
さとう ②
小ざさ
口琴横丁
スパ吉
おふくろ屋台1丁目1番地
平和通
北口
atre吉祥寺
KFC
吉祥寺駅
東口
えん寺
④ タレカツ吉祥寺店
Kirarina京王吉祥寺
やるき茶屋
カッパ
無印良品
串炸田中
吉祥寺店
公園口
丸井百貨
東急イン H
武蔵野公會堂

Yodobashi
吉祥寺大通
吉祥寺駅
京王井の頭線

N

三鷹駅
みたかえき / Mitaka Station

齊聚時下餐酒館、日本酒BAR，還有拉麵店、壽司店、日式居酒屋。

群聚美食的超大食堂！

❶ 口琴橫丁MITAKA

ハモニカ横丁ミタカ

達人力推

☎0422-27-5499 ○武蔵野市中町1-5-8 ◐依各店舖不一，詳洽官網 ◑不定休

策劃人請來建築家原田真宏和原田麻魚**進行柏青哥舊建物改造成融合在地風情的餐廳大樓**，將原始橫丁沿著小巷弄並列的店舖直接搬到建築內部，維持橫丁裡店與店相互交錯的部分，而中央刻意不做區隔的用餐空間，為的就是能讓人們點完餐後，可以自由選擇座位，與認識、不認識的人喝杯小酒閒聊，無所拘束。

Map

Web

N

❶ 口琴橫丁MITAKA

🏣 武蔵野中町郵便局

↗往吉祥寺

三鷹駅　　　JR中央本線

○ さらさら

風之散步道

🏣 三鷹駅前郵便局

🍜 中華そば みたか

🍴 PIZZERIA馬車道

井の頭自然文化園 ○

山本有三記念館 ○

🏬 山田文具店
○ 橫森珈琲

井の頭恩賜公園 ○

いすみ通り

しろがね通り

○ みたか井心亭

Dailies Cafe ❷
DAILIES 🏬

三鷹之森吉卜力美術館 ❸

JR中央・總武線

両国（P.34~37）

水道橋（P.104~105）

飯田橋（P.48~53）

新宿

中野

高円寺

西荻窪

吉祥寺

三鷹

❷ Dailies Cafe

☎0422-40-6766　⌂三鷹市下連雀4-15-33　⏰11:00~22:00

位在三鷹南口直行10分鐘的不遠處，有間專賣家俱家飾的小店「Dailies」，以Daily日常的複數作為店名，正是希望能成為常伴人們日常的品牌。**其附設的咖啡廳以設計家具結合咖啡廳**，充滿假日的休閒氛圍，店內除了一般餐桌區外，也有幾處沙發座位。

Dailies Cafe的餐點，採用自然健康的製法十分受到歡迎。

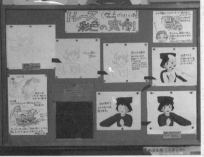

三鷹の森ジブリ美術館　GHIBLI MUSEUM, MITAKA　300m→

重現宮崎駿動畫裡的奇幻美術館！

❸ 三鷹之森 吉卜力美術館

達人力推

三鷹の森 ジブリ美術館

☎0570-055-777　⌂三鷹市下連雀1-1-83（井之頭恩賜公園內西園）　⏰吉卜力美術館採取預約制，10:00~18:00（入場時間從10:00~16:00，整點開始該場次入場，需在一小時內入館，離館時間自由。）　⏸週二，三鷹及鄰近市民日（不販售一般票券），換展期間，年末年始　💲成人、大學生￥1,000，國中、高中生￥700，小學生￥400，4歲以上幼兒￥100

吉卜力美術館是由在全球擁有相當高知名度的動畫大師宮崎駿所策劃。有別於其他僅提供展示的美術館，這裡不只是收集展示吉卜力工作室作品的場所，更希望由遊客們親自觸碰這些動畫中出現過的畫面，因此美術館並沒有提供導覽地圖或遵循路線，也沒有針對哪個作品來展示，完全讓遊客們自己決定想要看的物品，然後自在隨意地尋找新發現，動畫中熟悉又可愛的身影，在不經意之間就會出現各個角落，參觀完的遊客，雖然擁有不同的參觀記憶，但在心情與知識都能夠滿載而歸。

要提醒的是，吉卜力美術館希望大夥可以盡情玩樂，而不是只有照相機鏡頭中的回憶，所以館內並不准照相和攝影。不論你年紀多大，來到這裡就讓自己的想像無限地放大，盡情地享受吉卜力工作室所帶來的驚奇吧！

玩吉卜力之前要注意什麼？

● 如何預約門票

入館前1個月10號的10點開始預約。可聯絡台灣的代理旅行社代為訂購，或上網站查看詳細情形。也可以到日本的便利商店「LAWSON」，使用店內的Loopi系統購票之後列印並至櫃台付款，取得預約券。

● 接駁公車

不想從吉祥寺公園走到吉卜力美術館的人，可以來到JR三鷹駅，在南口的巴士站搭乘接駁巴士，約5分到達，乘坐一次￥210。

Metro銀座線
Ginza Line

Data
起訖點：淺草~澀谷
通車年份：1939年全線開通
車站數：19站
總長度：14.3km

銀座線行駛於澀谷與淺草之間，是東京第一條地下鐵，早在1939年就已全線通車。有趣的是，由於開通得早，所以當時開挖得並不深，造成今天銀座線「地下鐵」反而比東急等電車的車站還要高一層樓。銀座線不只是日本最初將鐵路地下化的線路，由於貫穿東京的精華地帶，它還是日本一天運行量中最多的一條線路。銀座線名稱的源由就是從繁華的銀座而來，銀座線沿線經過的多是知名景點與熱鬧的商區，如果不想花時間在轉車或是長途交通移動，不妨安排一整天的銀座線之旅，購物、美食、景點都能一網打盡。

淺草駅

淺草可說是最具江戶風情的代表性觀光地，也是許多外國人士來到東京的必定造訪之處。除了江戶時代的德川幕府特別指定為御用祈願所的淺草寺，沿途處處是古樸的建築，還有最熱鬧的繁華老街「仲見世」，淺草寺前滿天滿地慵懶漫步的鴿子群也算是東京都內的奇景。這裡的街巷裡藏有不少百年歷史的美味老舖，交織成淺草獨有的下町風情。

水上巴士 Himiko／Hotaluna／Emeraldas
未來型水上巴士「HIMIKO」往來於淺草與台場之間，以動畫巨匠松本零士的鉅作「銀河鐵道999」為造型靈感，流線型銀色的外殼到了晚上還會閃爍變幻著濃紫、螢藍等超高輝度LED，宛若一艘飛進現代的未來之船。

EKIMISE
松屋淺草店在4~7樓的EKIMISE裡有26家新進駐的店舖，特別的是7樓的MEGURITE展示販售日本的傳統工藝商品、雜貨、服飾等，讓人逛得目不暇給。

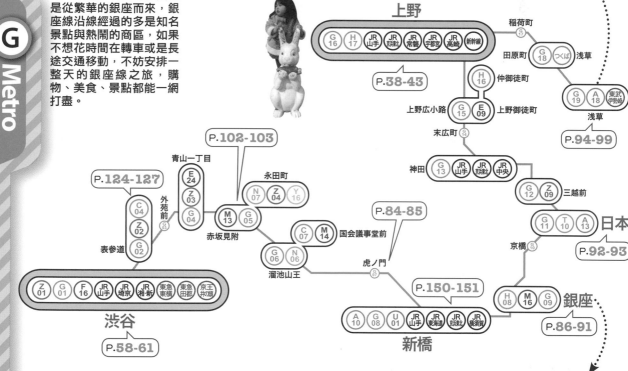

上野
| G 16 | H 17 | JR 山手 | JR 京浜東北 | JR 常磐 | JR 宇都宮 | JR 高崎 | 新幹線 |

P.38-43

稻荷町 G

田原町

| G 18 | つくば | 淺草

仲御徒町 H 16

| G 19 | A 18 | 東武伊勢崎 | 淺草

P.94-99

上野広小路 | G 15 | E 09 | 上野御徒町

末広町

神田 | G 13 | JR 山手 | JR 京浜東北 | JR 中央

| G 12 | Z 09 | 三越前

P.102-103

青山一丁目 | E 24 | Z 03 | G 04 |

永田町 | N 07 | Z 04 | Y 16 |

P.124-127

外苑前 | C 04 | Z 02 | G 02 | 表参道

赤坂見附 | M 13 | G 05 |

| C 07 | M 14 | 国会議事堂前

溜池山王 | C 06 | N 06 |

虎ノ門 G

P.84-85

| G 11 | T 10 | G 13 | 日本橋

京橋 G

P.92-93

P.150-151

渋谷
| Z 01 | G 01 | F 16 | JR 山手 | JR 埼京 | JR 湘新 | 東急東横 | 東急田都 | 京王井頭 |

P.58-61

新橋
| A 10 | G 08 | JR 01 | JR 山手 | JR 東海道 | JR 京浜東北 | JR 横須賀 |

| H 08 | M 16 | G 09 | 銀座

P.86-91

銀座駅

銀座是傳統與創新的集結，歷史悠久的和服老店和現代感十足的國際級精品名牌旗艦店共存，中央通上聚集全球最頂尖的一流品牌，踩著高跟鞋優雅走在街頭的粉領族，個個好像從時尚雜誌裡走出來那般典雅悅目，時尚與高貴的魅力在銀座交會。銀座還是個美食天堂，無論是隱藏於巷弄裡的洋食老店或是名牌旗艦店中的高級餐廳，就連各老舖百貨公司中的美味也不遑多讓。

和光本館
老牌百貨「和光」是以販售日本國內外高級鐘錶延伸出的精品百貨，塔樓上古色古香的大鐘是銀座的地標之一，成為遊銀座的熱門拍照景點。

Stop by Stop零殘念精華路線推薦
達人帶你玩銀座線

浅草駅

1 浅草寺
建議參觀時間：60~120分鐘
高掛著大大「雷門」燈籠的淺草寺一直是國內外旅客遊覽東京的必訪之地，除了其濃厚的下町文化之外，隱藏在小巷中的百年美食老店更是必訪重點。

浅草駅

2 仲見世通
建議參觀時間：60~120分鐘
街道兩側一間間充滿江戶庶民風情的雜貨及菓子舖，洋溢著淺草特有的氣息。

銀座駅

3 中央通
建議參觀時間：30-60分鐘
中央通是銀座的主要街道，從1~7丁目都有集結新舊百貨公司、傳統吳服店、點心店和國際精品旗艦店，光是走逛各家美麗櫥窗就能感受銀座風情。中央通還會在週末舉行步行者天國，一到時間就封街禁止車輛進入，滿滿人潮紛紛湧上銀座街頭。步行者天國時間為10~3月週末例假日12:00~17:00；4~9月週末例假日12:00~18:00。

表參道駅

5 表參道
建議參觀時間：90~120分鐘
一出明治神宮就會到表參道，這裡聚集了國際知名各大品牌的旗艦店，光是欣賞建物本身外觀特殊設計就足以讓人大開眼界。

銀座駅

4 資生堂パーラー 銀座本店
建議參觀時間：60~90分鐘
承襲高雅成熟的韻味，即使只是吃蛋包飯也是要用上全套精緻高雅的銀器，優雅的三層銀器當中裝著特別醃製的配菜，是銀座的懷舊滋味。

表參道駅

7 Eggs'n Things
建議參觀時間：30~60分鐘
夏威夷的人氣鬆餅舖Eggs'n Things，其宗旨是「整天都吃得到的早餐店」，店裡還供應早餐、歐姆蛋等鹹食，同樣充滿蛋香。大片鬆餅配上滿滿的草莓，以及10公分高的鮮奶油，和親朋好友一起分食，過癮極了。

表參道駅

6 岡本太郎記念館
建議參觀時間：60~90分鐘
岡本太郎為日本極知名的現代藝術家，其豐沛的創作風格影響現代藝術甚鉅。小小博物館，奇妙的臉安在任何物品上，各種雕塑都為有限的美學常識帶來巨大衝擊！

渋谷駅

8 渋谷109
建議參觀時間：60~120分鐘
澀谷知名地標澀谷109是辣妹的大本營，從B2到8樓的10層樓空間裡，全是專屬女生的各式大小商品，從衣服、鞋子、包包、內衣、化妝品首飾，到假髮、假睫毛都光鮮亮麗地不得了。

虎ノ門駅
とらのもんえき/ Toranomon Station

1 虎之門Hills

虎ノ門ヒルズ

一定要看一眼哆啦虎門才能離開！

達人力推

⊕港區虎ノ門1-23-1~4 ☎03-6406-6192 ⏰依店家而異 ⓗ不定休，虎之門Hills森塔休1/1~1/3

　以2020年東京奧運為契機，日本都市再更新計畫的領頭羊「虎之門Hills」於2014年6月11日開幕，由東京都政府與森集團合作開發，**複合式大樓內集結餐飲、高級飯店、辦公室與住宅**。1~4樓為商店及餐廳進駐的樓層，相接的6000平方公尺的綠意室外空間，及灑滿陽光的開闊中庭，為這裡增添不少浪漫氣息。

Map Web

虎之門Hills超高層建築，是繼東京中城後東京第二高的大樓。

不要錯過試喝各類清酒，可以直接選擇3杯套組。

2 日本酒情報館

⊕港區西新橋1-6-15 ⏰10:00~18:00 ⓗ週末、例假日，年末年始 ⓢ免費，日本酒試飲視種類約¥400~700

Map

日本酒情報館收集與日本酒相關的情報，像是各酒藏的品牌銘酒、各地與酒相關的活動資料。在館內的兩側牆面，展示著來自日本全國各地的特色酒器，光是欣賞美麗的工藝文化就令人陶醉不已。除了靜態展示，在牆上的大投影銀幕也以日、英字幕說明日本酒的製程與美味關鍵，是可以吸收到日本酒知識的好地方。

Web

哆啦虎門／トラのもん

　這隻與哆啦A夢宛如學生兄弟的哆啦虎門，是藤子・F・不二雄公司所設計的吉祥物，來自22世紀的貓型商業機器人，外型幾乎與哆啦A夢一樣，但牠全身為雪白，而身上只有幾條黑色的老虎斑紋，頭上還多了對可愛的貓耳朵，有許多哆啦A夢迷特地來這就是為了見牠一面！

渋谷
（P.58~61）

表參道
（P.124~127）

赤坂見附
（P.102~103）

虎ノ門

新橋
（P.150~151）

銀座

日本橋

上野
（P.38~43）

淺草

Metro銀座線

Metro南北線

虎ノ門駅

⑧

② ④ ①

② 日本酒情報館
外堀通

平五郎 ⑪

🍜 大坂屋砂場本店

大倉集古館 ●

🄷 東京大倉酒店

虎ノ門ビルズ駅

① 虎ノ門Hills

🍴 BLT STEAK

泉Garden

🄷 愛宕神社

神谷町駅

③ NHK放送博物館

Metro日比谷線

線田比日部

御成門駅

A1

世界第一個播放博物館。

③ NHK放送博物館

達人力推

☎03-5400-6900 　🏠港區愛宕2-1-1
🕙10:00~16:30 　休週一（遇假日順延）、年末年始

　　1956年以「放送的故鄉・愛宕山」之名開館，發展至今，**館內展示著日本的放送歷史，從聲音廣播開始，發展至電視影像**，甚至現在還有衛星傳輸、數位播放等，在NHK放送博物館內，便可以看見整個歷史的演進過程，與相關的各項文物。

Map

Web

銀座駅
ぎんざえき/ Ginza Station

① 無印良品 銀座

> 包含MUJI飯店的世界最大旗艦店！

> 達人力推

📍中央區銀座3-3-5 🕐11:00~21:00，1F 烘焙坊 7:30~21:00、B1 MUJI Diner 11:00~21:00

2019年4月開幕的「無印良品 銀座」，光從面積廣闊、達10層樓的全新MUJI大樓，就能嗅出不太一樣的味道，這裡還設有MUJI全球第一家飯店。1樓生鮮蔬果區的蔬果來自小農直售，一旁還有新鮮蔬果汁吧可以現點現喝。這裡也有麵包坊，每日現烤提供。2~5樓則是常見的MUJI商品線，商品齊全不在話下！6樓則包含和食餐廳、雞尾酒輕食酒吧、飯店大廳，光是一層一層慢慢逛上來，至少得花個2個小時。

Map

Web

> 整體樓層分布B1~6樓為MUJI DINER及商場，7~10樓則是飯店。

② LOFT銀座旗艦店

☎03-3562-6210 📍中央區銀座2-4-6 (銀座ベルビア館1~6F) 🕐11:00~21:00，免稅櫃台~20:30

銀座有樂町MUJI與LOFT原本就在隔壁，近期陸續遷移至同一條街道上，與MUJI一樣，LOFT這家旗艦店也沒在客氣，旗艦店所有商品的擺設更加有主題性、貨架陳列也更加光鮮明亮又清爽兼具設計性，另也**引進多家品牌與設計雜貨專櫃**，像是MOMA Design Store、Dairy Gift Shop by オモムロ二、來自京都薰玉堂的**線香等，還有不定時的品牌快閃店，**讓喜歡特殊設計品項或品牌的人找到更多喜愛的東西。

Map

Web

白天的銀座：流行最前線，全日本都在瘋的「GINZA SIX」

3 GINZA SIX

達人力推

☎03-6891-3390　⌖中央區銀座6-10-1

10:30~20:30、美食商場11:00~23:00

2017年開始營運的GINZA SIX，**號稱是全東京都心最豪華的百貨公司，在繁華銀座裡坐擁15層樓、241家駐店品牌，其中121間為日本旗艦店，**還邀請擁有「全球最美書店」稱號的蔦屋書店進駐。百貨公共空間由設計紐約現代美術館的名建築師谷口吉生操刀，法國設計師Gwenael Nicolas主導室內裝潢、森美術館館長監製，再加上Teamlab設計的LED瀑布牆及藝術家們的作品，這些大牌設計師罕見地齊聚一堂，讓這座話題百貨充滿設計質感。

Map 　Web

由日本新銳藝術家塩田千春所展現的作品，6艘象徵出航前進的船，在空間展現中既巨大，卻又透過穿透視覺讓人不感受壓力。

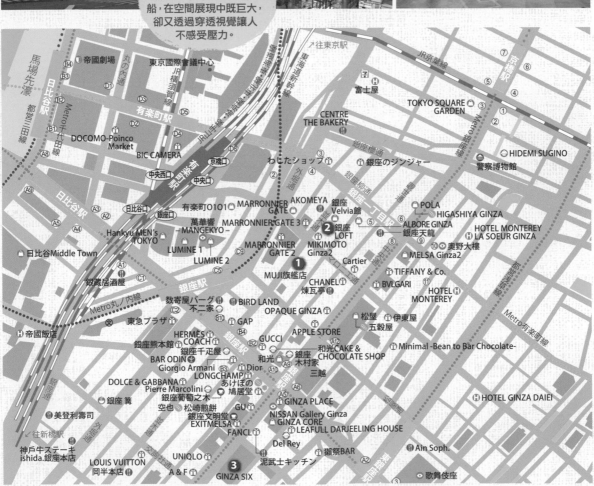

銀座駅
ぎんざえき/ Ginza Station

夜間點燈、整點鐘聲響起時，讓銀座街頭瞬間染上昔日的溫柔情調。

1 和光本館

WAKO

Map

☎03-3562-2111 　⌂中央區銀座4-5-11
11:00~19:00　休年末年始

Web

　位在中央通與晴海通交叉口的是老牌百貨「和光」的本館主建築。**和光是以販售日本國內外高級鐘錶延伸出的精品百貨，塔樓上古色古香的大鐘是銀座的地標之一。**

充滿年輕與設計感的超大型商場！

2 東急PLAZA銀座

達人力推

TOKYU PLAZA Ginza

☎03-3571-0109　⌂中央區銀座5-2-1
11:00~21:00，餐廳~23:00

　鄰近地下鐵銀座站及JR有樂町站，位在數寄屋橋與晴海通路口這棟有如巨大航空母艦般的美麗玻璃帷幕商場「東急PLAZA」。自2016年開幕後，成為銀座規模最大商場，也打破銀座只賣貴森森高價名牌的商場印象，**以具設計感、年輕流行、生活設計雜貨、潮流餐飲、空中花園、展覽廳、免稅店等各式複合設施，讓這裡成為既好逛又好買的新潮聖地。**

Map

Web

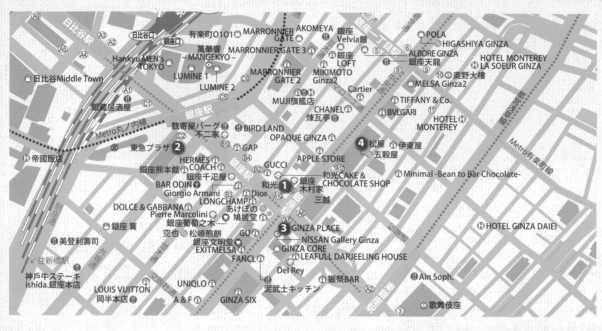

❸ GINZA PLACE

🏠中央區銀座5-8-1　⏱商店11:00~20:00，餐廳11:00~23:00(各店家營業時間不一)

Map

Web

2016年開幕的GINZA PLACE位在銀座鬧區中心點、銀座地標和光堂的對角線，總共地下2層、地上11層的空間，由1~2樓的NISSAN汽車、4~11樓的SONY商品店、餐廳、複合展示小藝廊結合而成。**美麗白色建築與代官山蔦屋書店出自同一設計公司，以透雕格狀外觀將日本傳統建築特色融合於此的複合式商場大樓。**

位於5樓的Sony Store的免費空間中，提供影像、遊戲製品的展示，供顧客體驗、購買。

❹ 松屋

☎03-3567-1211　🏠中央區銀座3-6-1　⏱10:00~20:00、餐廳11:00~22:00　🈺1/1，不定休

Map

Web

1925年開幕的松屋也是銀座百貨老牌，**和三越並列為銀座最受歡迎的兩間百貨**，儘管外觀經過整修，氣氛上仍維持開幕初期的上質格調，傳達出銀座的新舊交融的洗鍊與華麗。**地下街來自全日本的和菓子和點心，也很受好評。**

89

銀座駅
ぎんざえき / Ginza Station

雖然台灣也有分店，但打折季和特價商品還是這裡比較便宜。

① UNIQLO 銀座店

☎ 03-6252-5181　⌂ 中央區銀座6-9-5　▽

11:00~21:00　⑤T恤¥1,500

　熱愛日本的人一定對於國民品牌UNIQLO不陌生，**若想找最齊全的商品來銀座店準沒錯！占地12層樓的世界最大級旗艦店具有設計感與現代感**，進入店內彷彿來到時尚伸展台前，玻璃櫥窗內模特兒展示最新流行款，兩側則有各色服飾一字排開，全店從男裝、女裝、到家居服一應俱全，11樓還有一整層的UT商品，男女生都可用最平實的價格買到喜歡的衣服。

採用「六面燒」將高品質肉汁鎖住，想嚐美味和牛的你一定要來！

② 神戶牛ステーキ ishida.
銀座本店

達人力推

🏠中央区銀座7-3-8 HULIC &New GINZA 7 7F　📞03-6228-5829　🕐午餐11:30～15:00(最後點餐時間14:00)：晚餐17:00～22:00(最後點餐時間21:00)　🈲週日

　在關西神戶地區開業長達30年的人氣名店「神戶牛ステーキIshida」，直營本店在東京銀座7丁目盛大開幕。從銀座／新橋站徒步約3分鐘就抵達的位置，交通很便利。特別注意他們跟GINZA SIX的燒肉店是不同店家喲！

　「神戶牛ステーキIshida」想帶給東京最純正的「神戶牛」—僅有通過高標準嚴選的牛肉才能被命名。**店家與兵庫縣內3所牧場簽約，只使用他們提供的純正神戶牛肉，也供應縣內高品質「但馬和牛」。**不論是沙朗或菲力、牛肉漢堡排、鵝肝、海鮮鮑魚排等，手藝高超的廚師們均可在您眼前，以鐵板燒的料理方式讓客人享用最頂級的滋味。**店內採用的海鮮食材，都是豐洲魚市直送，與明星食材的神戶牛肉並列為推薦食材。**鮮美有彈性的北海道產干貝及日本國產黑鮑魚，嚐起來甜美的日本國產龍蝦，以及時令價格的魚翅等，都只進貨當季最上等的海鮮。

　在開闊、具備和風巧思的設計空間中，不僅享用和牛鮮美入口即溶的肉質、高雅香氣，還可欣賞廚師們料理的風姿及享受親切接待。店內均採吧檯式的座位，備有容納4～7人的包廂2間，包廂將有專屬廚師接待，專門為您料理。另提供鐵板燒午餐，平假日在中午時段以較輕鬆的方式，讓各年齡層的朋友都能品嘗高級神戶牛肉。**為了外國顧客，另備有中英文菜單，不懂日語也能吃得盡興放鬆。**

Map Web

日本橋駅
にほんばしえき/ Nihonbashi Station

1 日本橋高島屋SC(新館ANNEX)

☎03-3211-4111 ⊕中央區日本橋2-5-1 ◷10:30~21:00

Map

Web

百年百貨高島屋，不但是日本橋具代表性的指標百貨，優雅的本館建築更被列為日本重要文化財，近幾年在一旁與斜前方擴增的東館與2018年9月開幕的新館，再加上本館成為龐大購物區，自2018年9月起也正式改名為「日本橋高島屋SC」。**新館寬廣明亮的購物空間引入許多美食店鋪、雜貨與居家商品，整體風格年輕活潑，其中各式美味老舖、話題排隊名店也都羅列其中**，讓高島屋再度引發話題。

日本橋
日本橋是德川家康在慶長8年(1603年)開立江戶幕府時所建，當時是江戶的主要道路，現在仍是數條國道的起點和重要的交通匯集地。初代日本橋為木造，之後歷經了戰事與火災，現在看到的橋梁是建於1991年的第九代，是石造的雙拱橋梁，第一代木橋的原尺寸復原模型，則可以在兩國的江戶東京博物館看到。

除了關東煮湯頭鮮美味、用料大方之外，其他餐點也很有水準，引人食指大動。

2 お多幸本店

☎050-5492-2962 ⊕中央區日本橋2-2-3 お多幸ビル ◷17:00~21:45，週六例假日16:00~21:45 ⑤おでん(關東煮)￥220起、とうめし(豆腐飯)￥410 ⊗週日

達人力推

Map

除了關東煮，お多幸也特別推出**獨特的豆腐飯，碗公盛滿白飯，然後直接放一塊將近5公分厚、滷得濃郁入味的嫩豆腐**。柔軟的豆腐在白飯上不斷晃動，滷汁從豆腐滲入飯中，伴隨著冉冉上升的蒸氣，簡簡單單，卻堪稱是美味的最高境界，再怎麼有自制力的人也很難不動心。

③ COREDO日本橋

☎03-3272-4801 ⚲中央區日本橋1-4-1 ⌚依各店而異，約11:00~20:00，餐廳約11:00~23:00

　隸屬於三井旗下的COREDO日本橋，與東京metro日本橋駅直接連通，開業於2004年，也為老舖百貨林立的日本橋地區，注入了年輕的活力。在定位上以年輕女性為主要客群，於2009年還**重新規劃了針對女性的3樓生活雜貨美妝區，全館精選約30間餐廳與服飾店舖**，小資女孩來這裡逛就對了！

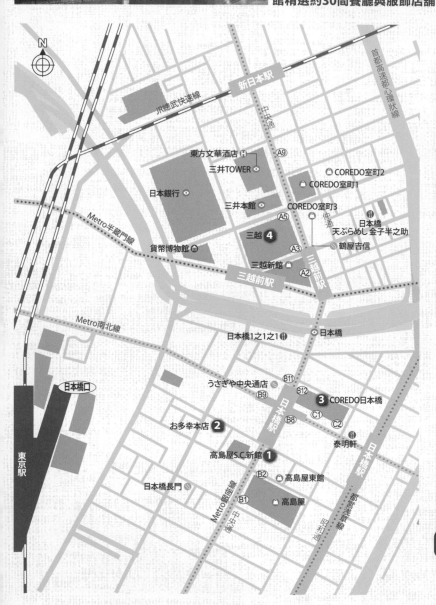

④ 日本橋 三越本店

☎03-3241-3311 ⚲中央區日本橋室町1-4-1 ⌚購物10:00~19:00，餐廳11:00~22:00(各店家營業時間不一) ⚙不定休

　對江戶時代起就以三井越後屋的名字在日本橋經營吳服店的三越來說，日本橋是名副其實的事業起點，現在所看到的日本橋三越本店建築，最早完工於1914年，之後陸續增建和整修的工程完成於1935年，**開幕當時，日本橋三越本店可是東京除了國會議事堂和丸大樓外最大的建築，也是日本第一間引進電梯的百貨公司。**

淺草駅
あさくさえき/ Asakusa Station

在淺草寺的代表景色「雷門」燈籠下拍照是一定要的啦！

從寶藏門這側拍到晴空塔與淺草寺最美的同框畫面。

① 淺草寺

初訪東京必遊景點！

達人力推

☎03-3842-0181 ◎台東區淺草2-3-1 ◎自由參觀

淺草寺是淺草的信仰中心，相傳起源在一千多年前，有位漁夫在隅田川中撈起了一尊黃金觀世音菩薩像，當地居民認為是菩薩顯靈，於是就建了座小小的廟堂虔心的供奉。後來**淺草觀音寺漸漸成為了武將和文人的信仰中心，成為了江戶時期最熱鬧的繁華區，直到現在依然香火鼎盛。**

Map

Web

② 水上巴士

水上バス

搭上水上巴士換個方式玩東京！

達人力推

◎淺草一丁目吾妻橋畔 ◎Himiko／Hotaluna／Emeraldas航班詳見網站 ⑤淺草~台場大人¥1,720，6歲~未滿12歲¥860，1歲~未滿6歲免費

由東京都觀光汽船株式會社經營的水上巴士，可分為數條路線，並有10艘造形各異的船隻運行。其中**以動畫巨匠松本零士的鉅作「銀河鐵道999」為造型靈感的Himiko／Hotaluna／Emeraldas**，流線型銀色的外殼到了晚上還會閃爍變幻著濃紫、螢藍等超高輝度LED，宛若一艘飛進現代的未來之船，讓熱愛超現實世界的大人小孩皆為之瘋狂。

Map

Web

③ 淺草文化觀光中心

浅草文化観光センター

 Map

☎03-3842-5566　♠台東區雷門2-18-9
9:00~20:00，8F咖啡廳10:00~20:00　⑤觀

 Web

光諮詢、展望台免費，咖啡廳：紅茶¥
530起

　在淺草雷門對面建起的和風摩登大樓，是**由名設計隈研吾大師操刀，以淺草觀光發祥地為己任的一處新名所**，在B1有洗手間供遊客使用，1樓設有多國語言的觀光資訊中心，也能換錢與購票；2樓則提供免費的觀光情報書籍，也可以無線上網，十分方便旅人查詢資料。

一 渋谷（P58~61）

一 表参道（P124~127）

一 赤坂見附（P102~103）

虎ノ門

一 新橋（P150~151）

銀座

日本橋

一 上野（P38~43）

浅草

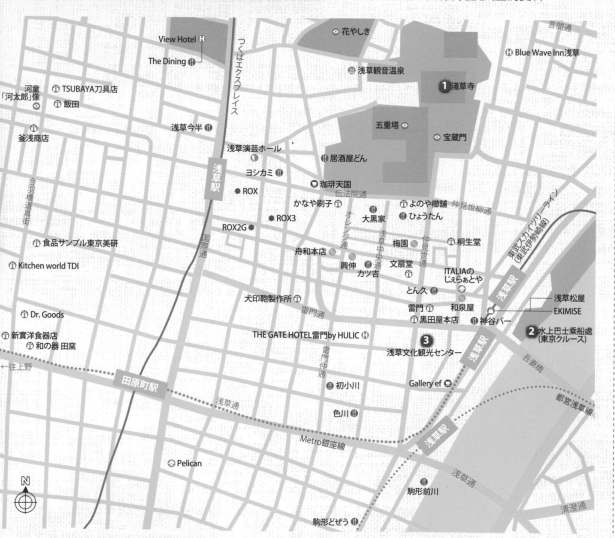

View Hotel Ⓗ
The Dining Ⓕ
つくばエクスプレス
Ⓣ TSUBAYA刀具店
河童「河太郎」像
Ⓕ 飯田
Ⓣ 浅草今半
釜浅商店
浅草演芸ホール
ヨシカミ Ⓕ
● ROX
浅草駅
国際通
Ⓣ 食品サンプル東京美研
Ⓣ Kitchen world TDI
ROX2G ● ● ROX3
舟和本店
Ⓢ Dr. Goods
Ⓣ 新實洋食店
Ⓣ 和の器 田窯
犬印鞄製作所
雷門通
THE GATE HOTEL雷門by HULIC Ⓗ
←往上野
田原町駅
浅草通
雷門仲通
Ⓕ 初小川
Ⓕ 色川
Ⓢ Pelican
Metro銀座線
駒形前川
駒形どぜう Ⓕ

🅞 花やしき
Ⓗ Blue Wave Inn浅草
言問通
⚨ 浅草観音温泉
Ⓛ 浅草寺 ①
五重塔
宝蔵門
Ⓕ 居酒屋どん
伝法院通
Ⓕ 珈琲天国
かなや刷子
Ⓣ よのや櫛舗
大黒家 Ⓕ ひょうたん
オレンジ通
梅園
桐生堂
興伸
カツ吉
文扇堂
ITALIAの
とん久 じぇらぁとや
雷門 Ⓣ 和泉屋
Ⓣ 黒田屋本店 神谷バー
Gallery ef 🅞
浅草中央通
仲見世通
仲見世柳通

東武スカイツリーライン（東武伊勢崎線）
浅草駅
浅草松屋
EKIMISE
② 水上巴士乗船處（東京クルーズ）
吾妻橋
③
浅草文化観光センター
浅草駅
都営浅草線
浅草駅
浅草通
清澄通

N

浅草駅
あさくさえき / Asakusa Station

料理用、化妝用、清潔用等，在這裡可以找到最適合自己的刷子。

1 かなや刷子

淺草才有的刷子專賣店！

☎ 03-3841-8848 　⌂ 台東區淺草1-39-10

10:30~17:00 　💴 馬毛歯ブラシ(馬毛牙刷)￥1,188/3支

達人力推

位在人來人往的傳法院通上，かなや刷子門口由刷子製成的可愛動物總是會吸引眾人目光。**かなや為刷子專門店，其商品琳瑯滿目**，從打掃用的棕刷、料理用的醬刷、化妝用的粉刷到早晚都要用的牙刷，每樣都是日常中不可或缺的商品，而精心製作的高品質刷具也是老顧客一再回流的原因。

Map

（地圖標示）

釜浅商店　浅草今半 4　五重塔　宝蔵門

浅草演芸ホール　居酒屋どん

ヨシカミ　珈琲天国

浅草駅　● ROX　かなや刷子 1　伝法院通　よのや櫛舗　仲見世柳通

合羽橋道具街　● ROX3　大黒家　ひょうたん

ROX2G ●　梅園　桐生堂

食品サンプル東京美研　舟和本店　浅草中央通　文扇堂　仲見世通

Kitchen world TDI　興伸　カツ吉　ITALIAのじぇらぁとや

とん久

犬印鞄製作所　雷門　和泉屋　浅草駅　東武スカイツリーライン（東武伊勢崎線）

Dr. Goods　雷門通　黒田屋本店 3 神谷バー　浅草松屋　EKIMISE

新實洋食器店　THE GATE HOTEL雷門by HULIC　水上巴士乗船處（東京クルーズ）

和の器 田窯　←往上野　浅草文化観光センター

雷門仲通　吾妻橋

田原町駅　初小川　Gallery ef　浅草駅

浅草通　色川　都営浅草線

Metro銀座線　浅草駅

Pelican　浅草通

2 駒形前川

駒形どぜう　清澄通

国際通　雷門通

② 駒形 前川 淺草本店

☎03-3841-6314　⏣台東區駒形2-1-29 ⊙

11:30~21:00(L.O.20:30)　Ⓢ鰻魚飯¥5,300起

前川在百年前就很受文人喜愛，現在也還驕傲地保留著店主親掌廚房的傳統，**鰻魚飯在有著店名的黑色漆盒中被恭恭敬敬地端了上來，配上幾樣自家漬物，湯品則是鰻肝的清湯**。這裡的大窗以青綠色的駒形橋為前景、搭配著後方晴空塔的獨特角度；令人安穩的空間質地，在這裡完美地展現。

③ 神谷Bar

☎03-3841-5400　⏣台東區淺草1-1-1 ⊙

11:00~21:00(L.O.20:30)　㊌週二　Ⓢデンキブラン(電氣白蘭地)¥350，ハンバーグステーキ(漢堡肉排)¥900

> 老派東京的生活新體現。

> 達人力推

創業於1880年的神谷Bar，在淺草區域是有如地標重要的存在，是淺草地區庶民社交生活空間。在日本現代化啟蒙的明治時代，冠上「電氣」兩字的都是指舶來高級品的流行稱號，至今仍舊受到許多文人愛戴的下町風味洋食，也仍舊是許多老東京最念念難忘的滋味。

> 招牌調酒「電氣白蘭地」是加了漢方草藥與白蘭地的飲料。

> 淺草今半嚴選極品和牛肉，守護著江戶的老味道。

> 淺草街上的百年老字號品嚐頂級黑毛和牛。

④ 淺草今半

☎03-3841-1114　⏣台東區西淺草3-1-12 ⊙

11:30~21:30(L.O.20:30)　Ⓢすき焼御膳(壽喜燒套餐)¥8,800起。午餐限定：百年牛丼(一日20份)¥1,870，すき焼昼膳(壽喜燒午間套餐)¥4,400起

> 達人力推

位於國際通上的今半本店，創業於明治28年(1895)，恪守著老舖驕傲，**代代守護老江戶的味覺本色，一道牛鍋跨越一世紀，靠的就是對牛肉品質的究極堅持**。外觀看來十足現代化，但其實內部是傳統雅緻的日本家屋，座位都是榻榻米，使用的肉品是高級日本牛肉，柔嫩的最佳狀態裹上蛋黃入口，就是美味。

淺草仲見世通

 Map Web

> 黃豆粉麻糬配上綠茶,一份充滿淺草風情的下午茶登場～

ⓐ 浅草きびだんご あづま

☎03-3843-0190 力推 達人

🏠台東區淺草1-18-1 ⏰11:00~18:00 休週四 💲きびだんご(黍糰子)5根¥400

由黍粉與米粉混合揉成香**Q麻糬串在竹籤上,這就是好吃的黍糰子(きびだんご)**。あづま的黍糰子走小巧路線,沾上大量的黃豆粉,讓人一口咬下不但嚐到糰子的香甜,更能吃到日式黃豆粉的香濃。

ⓑ 梅園

☎03-3841-7580 🏠台東區淺草1-31-12 ⏰10:00~17:00,週末例假日~18:00 💲粟ぜんざい(栗子紅豆湯)¥814

Map Web

梅園創業於安政元年(1854年),最初是位在淺草寺別院裡的梅園院中的小茶屋,迄今已是歷史悠久的傳統甜食店。**最受歡迎的甜點就是ぜんざい(紅豆湯)**,微溫的紅豆餡泥,甜而不膩的馨香滋味融化在舌間,是淺草人永遠不會忘懷的甜蜜味道。

ⓒ 浅草ちょうちんもなか

☎03-3842-5060 🏠台東區淺草2-3-1 ⏰10:00~17:30 休不定休 💲アイスもなか(冰淇淋最中)¥350(1個),あんこもなか(紅豆最中)¥300(1入)

Map  Web

2000年夏天開業的浅草ちょうちんもなか是**專賣冰淇淋最中的商店**。最中是日本特有的和菓子,香脆的餅乾外皮是以糯米製作烘烤而成,內餡可夾入甜而不膩的紅豆餡或是適合夏天的冰淇淋,抹茶、紅豆、黑豆、香草口味應有盡有,冬天還可以吃到栗子或煉奶等限定口味。

渋谷
(P.58~61)

表参道
(P.124~127)

赤坂見附
(P.102~103)

虎ノ門

新橋
(P.150~151)

銀座

日本橋

上野
(P.38~43)

淺草

◎ 寶藏門

e 木村家本店(人形燒)
🍴 助六
◎ 淺草九重(炸饅頭)

◎ 淺草市幼稚園

◎ 平尾商店(紀念品)

c 淺草ちょうちんもなか

傳法院通　　　仲見世柳通

🍴 トイス・テラオ
🍴 中山商店(紀念品)

三鳩堂 **d**

三美堂 🍴

亀屋(仙貝、人形燒)

梅園 **b**

🍴 松ケ枝屋
🍴 松坂屋(髮簪)
🍴 壹番屋(仙貝)

仲見世通

🍴 松壽堂(蛋糕)
🍴 富士屋(和服)
🍴 西島商店(日式傘)
🍴 松崎屋(帽子)

銀花堂(舞蹈用品)🍴
仁平青林堂(傘)🍴
荒井文扇堂🍴

メトロ通

むさしや人形店 🍴

🍴 舟和(羊羹)

あづま **a**

觀音通

雷門柳小路

🍴 いなば

🍴 淺草仲見世評判堂

本家梅林堂(和果子)

🍴 雷門
◎ 雷門
テル雷門 Ⓗ

黑田屋本店 🍴
三定(天婦羅炸蝦飯)🍴
寄文堂總本店
(人形燒)
プテザ 🍴
和泉屋 Ⓗ
尾張屋
(天婦羅炸蝦飯)🍴

雷門通

Map

d 三鳩堂
☎03-3841-5079 🏠台東區淺草1-30-37-1 ⏱9:00~19:00

淺草最受歡迎的特產就是人形燒，和台灣街頭常見的雞蛋糕有點相似，但是口感更為細緻實在，**內餡多會加入紅豆沙或仍保留著紅豆粒的甜餡**，三鳩堂就是其中一家人形燒專賣店，適合送禮的人形燒可以放上一個月，頗受歡迎。

> 一口人形燒形狀做成淺草的代表景色。

e 木村家本店
☎03-3841-7055 🏠台東區淺草2-3-1 ⏱9:00~18:00 💰あん入り人形燒(紅豆餡人形燒)¥800(10入)

> 達人力推

> 人形燒做成淺草寺的雷門、五重塔等特色景點。

仲見世通上距離淺草寺最近的**木村家本店是淺草最老的一家人形燒專賣店**，從明治元年創業開始，就一直秉持著傳統的味道直到今天，人形燒的形狀就是參考淺草寺相關的五重塔、雷門、燈籠和寺院廣場最多的鴿子，是淺草必嚐名物。

Map

Web

Metro丸ノ內線
Marunouchi Line

Data
起訖點：池袋～荻漥
通車年份：1962年全線開通
車站數：28站
總長度：27.4km

丸之內線是次於銀座線，東京都內第二條開通的地下鐵。東京都內的東京大學、御茶水女子大學、立教大學等都在丸之內線的路線上，沿著這條線，可以在這些高級學府沾染學術氣息，而名聞遐邇的東京巨蛋與驚險刺激的後樂園遊樂場也都在這條線上，所以丸之內線可說是允文允武，動靜皆宜的一條路線。而每天為了因應廣大的通勤人潮，在早上通勤時間平均每1分50秒就有一班車，是日本車班第一密集的地下鐵。丸之內線比較特別的是其除了主線之外，還有一條支線，為了怕民眾搞混，支線的代號以Mb標記，且於車身上的紅線再加上黑線，以作為區隔。

M
Metro
丸ノ內線

後楽園駅

後樂園駅與春日駅站內共構，所以從丸之內線、南北線要轉搭都營三田線、大江戶線的人，可以來到後樂園駅再由改札口轉到春日駅站內，讓轉車變得更加便利。而後樂園駅就在東京巨蛋旁，還有遊樂園、日式庭園等設施，美食、咖啡廳等一應俱全，是可以消磨一天，吃喝玩買一次被滿足的絕佳景點。

東京巨蛋球場
建於1988年的東京巨蛋，是日本的第一座巨蛋球場，也是東京重要的地標之一。其屋頂用特殊的玻璃纖維材質製成，不但是棒球迷們心中的神聖殿堂，也常被拿來當大型演場會的場地。

P.44-47

Y09 F09 M25 JR山手 JR埼京 JR湘新 東武東上
池袋

荻窪
M01 JR中央 JR中央

M02 南阿佐ケ谷

M03 新高円寺 東高円寺 M05 新中野

中野坂上
M06 E30
西新宿
M07

Mb03 方南町 中野富士見町 中野新橋

新宿西口
E01

P.48-53

M08 E27 S01 JR山手 JR中央 JR中央 JR埼京 JR湘新 京王 小田急
新宿

新宿三丁目
F13 S02 M09

新宿御苑前 M10

四

四谷三丁目
N08 M12

N07

赤坂見附
M13 G05

P.102-103

溜池山王
G06

新宿御苑前駅

新宿御苑前駅是東京所有交通線中，唯一以新宿御苑為站名的一站，也是離御苑最近的一站，由1號出口徒步約5分就能達。新宿御苑最有名的就是春天的櫻花季了，每年到春天，御苑裡的里櫻、吉野櫻、山櫻等上千株的櫻花一齊綻放，品種多達75種，觀賞櫻花的地點則從正門口，一直延伸到英式庭園、芝生廣場，以及千駄ケ谷門附近的櫻園地，每逢櫻花季總會湧入大批人潮。

新宿御苑
新宿御苑是明治時代的皇室庭園，受當時西風東漸的影響，融合了法國、英國與日本風格的新宿御苑，美麗而優雅。平日可以看到許多上班族在這裡享用午餐，是東京人最愛的綠色園地之一。

達人帶你玩丸之內線

後楽園駅
➡**1** 野球殿堂博物館
建議參觀時間：60~90分鐘

日本第一座專門展示棒球收藏品的博物館，館內展出歷來人氣最旺的職棒選手如王貞治、鈴木一朗和松坂大輔等的相關用品，絕對是棒球迷不容錯過的朝聖名所。

京京駅
➡**2** 三菱一號館美術館
建議參觀時間：60~90分鐘

三菱一號館美術館建築本身充滿復古風情的紅磚建築，2、3樓做為美術館的展覽空間使用，1樓則有建築本身的歷史資料室、利用原本銀行接待大廳空間改造成開放感十足的咖啡館1894以及博物館商店。

銀座駅
➡**3** 歌舞伎座
建議參觀時間：30~90分鐘

歌舞伎為日本傳統的舞台劇，以華麗服裝、誇張化妝術，直接而大膽傳達理想和夢想，這是專用表演場，一年到頭都上演著一齣齣膾炙人口的傳統歌舞伎。即使不看劇，也很推薦來這裡的賣場尋找專屬的東京紀念品！

銀座駅
➡**4** 鳩居堂
建議參觀時間：15~30分鐘

起源於江戶時代，鳩居堂為銀座的代表性老文具舖，不管是什麼商品都帶點日本風格，自用或是伴手禮都超適合。

銀座駅
➡**5** 銀座木村家
建議參觀時間：20分鐘

日式紅豆麵包的創始店木村家，在1869年運用日本傳統的酒種酵母搭配西方麵包做法，創作出第一個日式紅豆餡與麵包搭配的新味覺。

赤坂見附駅
➡**6** 赤坂Sacas
建議參觀時間：60~90分鐘

複合式商業大樓赤坂Sacas結合了辦公大樓和數十間別具風格的餐廳商店，是血拼購物的好去處。

赤坂見附駅
➡**7** 西洋菓子しろたえ
建議參觀時間：30~40分鐘

1977年開業的西洋菓子店しろたえ，招牌的生起司蛋糕和泡芙，是許多東京人從小到大熟悉的滋味，也是無法模仿、傳統而質樸的獨特美味。

赤坂見附駅

熟悉東京的人都知道，赤坂是近年來都內變化最大的區域之一。在Tokyo Midtown建成後一年，赤坂的新地標Sacas隨後成立，原本以古神社和國會議堂為中心、氛圍上較為肅穆的赤坂，一躍成為夜生活與流行時尚的代名詞，並因為悠閒的氛圍、眾多美食和多樣化的娛樂選擇而深受東京人的喜愛，迅速晉升為最熱門的逛街聖地之一。

山王日枝神社
山王日枝神社的歷史可以追溯到1478年，從江戶時期起就一直擔負守護江戶城平安的神社而被德川家族信奉著，至今仍是東京人們的信仰中心。

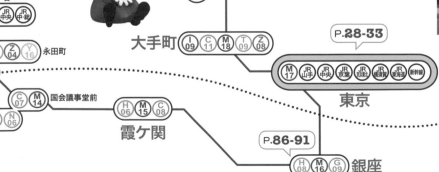

P.104-105

P.28-33

P.86-91

大塚
茗荷谷
西武池袋
後楽園
春日
本郷三丁目
御茶ノ水
小川町
淡路町
新御茶ノ水
大手町
東京
国会議事堂前
霞ケ関
永田町
銀座

M Metro 丸ノ內線

赤坂見附駅
あかさかみつけえき/
Akasakamitsuke Station

新高円寺 (P.72~73)
新宿 (P.48~53)
赤坂見附
銀座 (P.86~91)
東京 (P.28~33)
後楽園 (P.44~47)
池袋 (P.44~47)

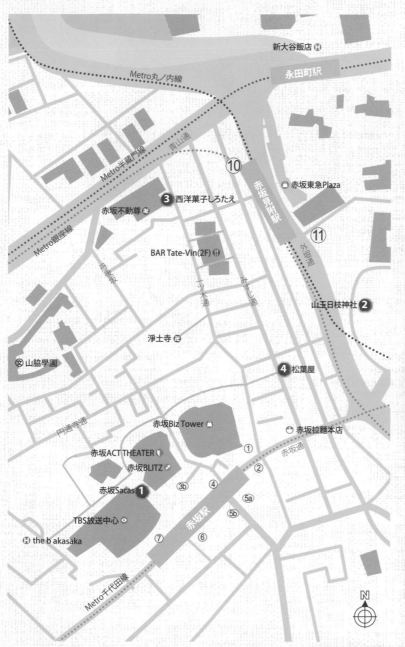

新大谷飯店 Ⓗ
Metro丸ノ内線
永田町駅
Metro半蔵門線
青山通
⑩
赤坂東急Plaza
❸ 西洋菓子しろたえ
赤坂不動尊 卍
赤坂見附駅
⑪
外堀通
Metro銀座線
BAR Tate-Vin(2F) Ⓗ
見附坂
一ツ木通
みすじ通
山玉日枝神社 ❷
淨土寺 卍
山脇學園
❹ 松葉屋
円通寺通
赤坂Biz Tower 🏢
赤坂拉麵本店
赤坂ACT THEATER 🎭
①
赤坂通
赤坂BLITZ 🎵
②
赤坂Sacas ❶
③b ④
⑤a
TBS放送中心 📺
⑤b
赤坂駅
Ⓗ the b akasaka
⑦ ⑥
Metro千代田線
N

赤坂的遊逛中心，好吃的、好玩都在這裡！

達人力推

❶ 赤坂Sacas

🏠 港區赤坂5-3-6　🕐 依各店
舖而異，約12:00~21:00

以**TBS電視台為中心，新開設
的複合式商業大樓赤坂Sacas結
合了辦公大樓和數十間具風格
的餐廳商店**，成為東京的新亮點。
TBS不時會在廣場上舉辦活動，而
包圍整個區域的100株櫻樹，為赤
坂的春天妝點新色彩。

Map 　Web

②山王日枝神社

☎03-3581-2471 🚇千
代田區永田町2-10-5

🕐6:00~17:00

山王日枝神社的歷史
可以追溯到1478年，在德川家入主江戶城後地位更是崇高，以江戶鎮守神社的身分受到歷代的崇敬，**現在每年6月中旬的山王祭，依然熱鬧滾滾，被譽為江戶三大祭之一**。因為日枝神社的主神「大山咋神」的神使是猴子，因此在神社內可以找到作工精細的古老猿猴塑像。

新高円寺（P.72~73）
新宿（P.48~53）
赤坂見附
銀座（P.86~91）
東京（P.28~33）
後楽園
池袋（P.44~47）

復古典雅的洋菓子店。

③西洋菓子SHIROTAE

達人力推

西洋菓子しろたえ
☎03-3586-9039 🚇港區赤坂4-1-4
10:30~19:30，週六~19:00 🚫週日、週一 💲レア
チーズケーキ(生起司蛋糕)¥300，シュークリーム(泡芙)¥190

1977年開業的西洋菓子店SHIROTAE，靜靜矗立於赤坂鬧區後側的安靜商店街中，門面招牌上安靜的女子畫像，帶著懷念而略微感傷的氣息。在洋菓子店2樓，午後斜斜的陽光，暈染著沉沉的木色桌椅與古老的咕咕鐘，過去的光影，彷彿在此停留，配上桌上的蛋糕與紅茶，美好而悠長。

招牌的生起司蛋糕和泡芙，是許多東京人從小到大的熟悉滋味。

④松葉屋

☎03-3583-9595 🚇港區赤坂4-4-8
🕐10:00~18:00 🚫週末及例假日 💲午餐 ¥1,500起

創業超過30年歷史的**松葉屋，是以松茸和飛驒牛料理馳名的高級料亭**。坐落在赤坂鬧街上的店面2樓為餐廳，1樓則做為賣店，販賣各種口味的胡麻豆腐、牛肉與松茸罐頭、料理，高貴不貴。

後楽園駅

こうらくえんえき/
Kourakuen Station

夜晚的東京巨蛋透
出光亮，球賽都已經結
束，仍有許多球迷留在
此地拍紀念照。

❶ 東京巨蛋城

TOKYO DOME CITY

日本第一座
巨蛋球場，更是棒
球迷們心中的神聖
殿堂。

📞03-3817-6001 ⬆文京區後樂1-3-61 ⏱依各
設施而異

達人
力推

　TOKYO DOME CITY一如其名，是伴隨著
東京巨蛋的出現發展而成的複合式娛樂設施。現
在TOKYO DOME CITY**包括有遊樂園、溫泉、棒球
場、演奏廳和飯店**，也有如棒球打擊場等運動設
施，更少不了餐廳以及複合式商場，週末常聚集不
同族群的人潮。

Map

Web

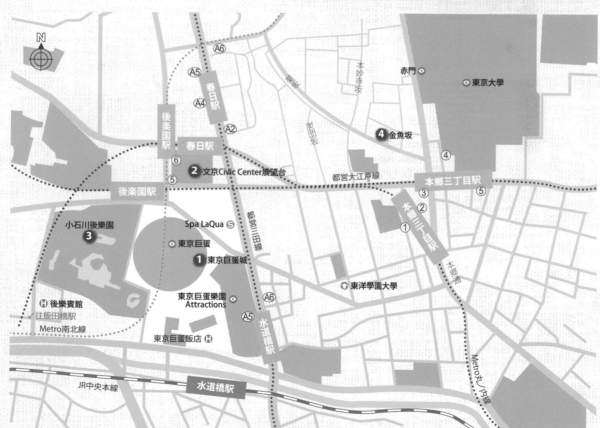

② 文京Civic Center展望台

📍文京區春日1-16-21 🕐9:00~20:30 🏠12/29~1/3，5月第三個週日 💲免費

比起東京都廳的展望台角度更廣，人潮也不那麼擁擠。

位在東京巨蛋、小石川後樂園旁的文京區公所，在自家大樓的25樓開設展望台；**展望台東側能看見晴空塔，西北側則是池袋太陽城、西側的新宿高樓群、富士山、東京車站方向等**，著名地標景點盡收眼底。南側的展望角度在餐廳裡，只要付費用餐便能欣賞。

④ 金魚坂

☎03-3815-7088 📍文京區本鄉5-3-15 🕐11:30~19:00 🏠週一、週二 💲咖啡¥700起，晚餐套餐¥1,700起

從江戶時期就開始營業的金魚坂，已經有超過350年的歷史，目前由第七代的老奶奶經營。**原本是家金魚專賣店，現在則除了專賣店外還開拓出咖啡店和活動場地等多元的利用空間。**到金魚坂除了喝咖啡、喝茶配甜點，晚餐及假日時段還供應定食套餐，滿足來客的口腹之慾。

③ 小石川後樂園

楓紅之際一定要來到這裡欣賞令人心醉的滿園紅葉。

☎03-3811-3015 📍文京區後樂1-6-6 🕐9:00~17:00(入園~16:30) 🏠年末年始(12/29~1/1) 💲大人¥300，65歲以上¥150，小學生以下免費

達人力推

小石川後樂園建於江戶初期寬永6年(1629年)，為德川家以泉池為主景所建造的回遊式築山泉水庭園，庭園之名其實是取自大家很熟悉的范仲淹岳陽樓記：「先天下之憂而憂，後天下之樂而樂」。沿著主要的大泉池順遊園內，**欣賞池影小山、樹林拱橋，感受景觀隨著角度變化，十分怡人。**

戶外提供讓客人釣金魚的魚池，回歸童年時廟會撈金魚的簡單樂趣。

Metro 日比谷線
Hibiya Line

Data
起訖點：北千住~中目黒
通車年份：1964年全線開通
車站數：22站
總長度：20.3km

東京的地下鐵每一條都有自己的顏色，而日比谷線就是銀灰色。銀灰色的日比谷線來往於北千住駅與中目黒駅之間，當初為了準備東京奧運(1964年)而開始建設，雖然一開始只先營運了南千住駅至仲御徒町駅這一段，但1964年奧運開幕前也已全線通車。而其在北千住還能直行至東武鐵道的東武動物公園駅；從中目黑也能直行至東急東橫線的菊名駅。雖然起迄點都不是什麼著名的觀光景點，但所經的惠比壽、六本木、築地、銀座、秋葉原、上野等地都是精彩無比的地區，平常5分鐘一班車，通勤時2分10秒就有一班車，就知道其載運量有多大。

恵比寿駅

惠比壽花園廣場
惠比壽花園廣場打著「惠比壽STYLE」為概念的本區，是一個齊聚購物、餐廳、博物館的流行地，當然更有許多浪漫的約會餐廳，而夜晚打上燈光的它，更散發著優雅質感。

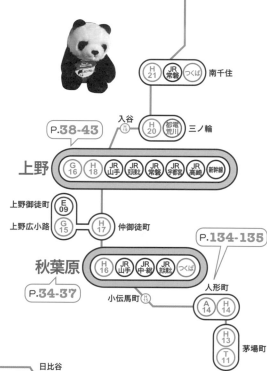

P.38-43
P.134-135
P.34-37
P.62-63
P.112-113
P.114-117
P.86-91
P.108-111

北千住 C18 H22 JR常磐 東武伊勢崎 つくば

H21 JR常磐 つくば 南千住

入谷 H20 都電荒川 三ノ輪

上野 G16 H18 JR山手 JR京浜東北 JR常磐 JR宇都宮 JR高崎 新幹線

上野御徒町 E09
上野広小路 G15 H17 仲御徒町

秋葉原 H16 JR山手 JR中總 JR京浜東北 つくば

小伝馬町 人形町 A14 H14

H13 T11 茅場町

霞ケ関 H07 M15 C08
虎ノ門ヒルズ
神谷町

日比谷 I08 H08 C09 有楽町 Y18 JR山手

八丁堀 H12 JR京葉

H09 M16 G09
銀座

築地

H10 A11 東銀座

惠比寿 H02 JR山手 JR埼京 JR湘新
広尾 H04 E23 六本木

H01 東急東橫
中目黑

中目黒駅

中目黑主要店家都分佈在目黑川的兩旁，除了酷味十足的男性潮流店，山手通附近的巷子裡有許多設計家具與生活雜貨店，春天盛開在目黑川沿岸的櫻花也是一絕。而鄰近的目黑通，則是由獨立小店串連成的東京首席設計家具街，沿著目黑通一路逛到東急東橫線上的祐天寺駅、学芸大学駅，是相當熟悉東京的人才知道的家居雜貨逛街聖地。

星巴克臻選®烘焙工坊
中目黑是近年來東京最具話題性的潮流指標區，來到中目黑，一定得來日本第一家星巴克烘焙工坊朝聖！總共達4層樓高的內部，包含引進米蘭知名麵包烘焙Princi、茶品區及雞尾酒吧等。

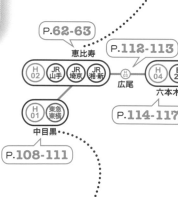

六本木駅

六本木駅連接Metro日比谷線與都營大江戶線，周邊光華燦爛的玻璃帷幕景觀大樓林立，除了聚集世界各國的商業精英，六本木Hills與Tokyo Midtown兩大複合式建築裡還雲集了購物、美食、電影院、日式花園、電視台、展望觀景台、商務中心、高級公寓，以及世界一流的頂級飯店，使這裡成為時尚藝術新地標。

六本木Hills

六本木Hills以54樓超高層摩天樓為中心，呈圓幅狀展開的複合式建築裡雲集購物、美食、展望觀景台等各式各樣的設施，聖誕節期間附近街道還會點上璀璨的燈海，彷彿置身於銀漢之間。

達人帶你玩日比谷線

上野駅

1 上野恩賜公園
建議參觀時間：60~120分鐘
上野恩賜公園是東京都內最大的公園。境內腹地廣大，有不忍池、上野動物園、上野之森美術館以及東京國立博物館等。

秋葉原駅

2 2k540 AKI-OKA ARTISAN
建議參觀時間：60~90分鐘
2K540所在地御徒町在過去是職人匯聚之地，許多傳統工藝至今依舊運轉，JR東日本都市開發為了為閒置空間找出路，便以延續職人之町的文化為概念，創造出高架橋下的藝文空間。

銀座駅

4 煉瓦亭
建議參觀時間：30~60分鐘
明治28年開業的洋食屋「煉瓦亭」，創業於1895年，是蛋包飯、牛肉燴飯等和風洋食的創始店，也是蛋包飯迷必來朝聖的店家，和洋折衷的美味，讓人永難忘懷。

秋葉原駅

3 mAAch ecute
神田萬世橋
建議參觀時間：60~90分鐘
開幕於舊萬世橋站原址的購物中心mAAch ecute，結合鐵道與歐洲拱廊商場的概念，店與店之間由拱門隔開，雖然改造成商場，仍保存有當時車站的遺跡。

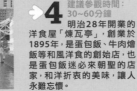

銀座駅

5 銀座千疋屋
建議參觀時間：30~60分鐘
在千疋屋的銀座本店裡，除了各種名貴的水果禮盒、純果醬和純果汁外，還有隱藏版點心水果三明治，是東京人心目中的最佳伴手禮之一。

六本木駅

6 21_21 DESIGN SIGHT
建議參觀時間：60~90分鐘
這座清水模建築由當代日本建築大師安藤忠雄及服裝設計師三宅一生共同創作，展覽內容以設計為主，希望和參觀者一同發掘生活角落中充滿驚喜的設計新視野。

惠比壽駅

7 惠比壽花園廣場
建議參觀時間：60~120分鐘
惠比壽花園廣場是一個齊聚購物、餐廳、博物館的流行地，當然更有許多浪漫的約會餐廳，而夜晚打上燈光的它，更散發著優雅質感。

中目黑駅

8 TRAVELERS FACTORY
建議參觀時間：40~60分鐘
深受日本人喜愛，甚至在台灣、香港都十分搶手的旅人手帳(Traveler's Note)專賣店。1樓的架上以絕妙的密度陳列各種文具商品，2樓利用老房子原有的特性，營造出一個互相交流對旅行心情與旅人手帳使用心得的自由空間。

中目黒駅
なかめぐろえき/
Nakameguro Station

中央一座巨大高達17公尺高的紅銅製咖啡儲藏槽與超大型咖啡烘焙機最是吸睛！

木材與玻璃的建築設計，完美引入一旁目黑川櫻花道的綠意與幽靜。

必訪咖啡夢幻殿堂！

❶ 星巴克臻選®烘焙工坊

STARBUCKS RESERVE ROASTERY 東京

達人力推

 Map

☎ 03-6417-0202　⚲ 目黒區青葉台2-19-23　🕐 7:00～22:00(L.O.21:30)

 Web

繼西雅圖、上海、米蘭和紐約之後，全球第五家星巴克烘焙工坊，2019年2月終於在目黑川畔盛大開幕。中目黑星巴克**邀請到知名建築師隈研吾設計出融合現代與日本傳統元素的建築空間**，一開幕就大排長龍。總共達4層樓高的內部，除了引進米蘭知名麵包烘焙坊Princi，還附設有茶品區及雞尾酒吧等。

❷ 中目黑高架下

 Map

🍴 依店舖而異　⚲ 目黑區上目黑一丁目、二丁目、三丁目　🕐 店家營業時間各異

因常為日劇拍攝地而知名、齊聚各式流行店家和年輕人集結地中目黑，將潮流氛圍再進化，新建的熱門景點「中目黑高架下」，利用中目黑駅周邊約700公尺的高架橋下的空間，打造出新設施，來這裡可以**逛逛與咖啡店合一的蔦屋書店，及超過20間風格各異的餐廳**，滿足你逛街與品嚐美食的欲望。

目黑川

全長將近8公里的目黑川橫跨了目黑區、世田谷區和品川區，從中目黑車站出站徒步就可到達目黑川沿岸，兩旁有許多可愛的店舖頗適合悠閒遊逛，被稱為並木道的河畔種植了一整排的櫻花樹，每到賞櫻季節就會吸引許多東京人前來。

西郷山公園

塞內加爾大使館 ●

IL PLEUT
SUR LA SEINE ◎

埃及大使館 ●

蔦屋書店 ◎

丹麥大使館 ●

snobbish babies
PEANUTS CAFÉ

Hillside Terrace ◎

福砂屋 ◎

COW BOOKS
DEPAK

RED CLOVER

carlife

memento

和樂

note et silence

Ouvrage Classe

Kisai
JOHANN

1LDK apartments.

FRAMES ◎

Vase

TRAVELERS FACTORY

Tokyu Store

HALE O PUA

中目黑高架下

ONIBUS COFFEE

ハイジ

BALS TOKYO

Metro日比谷線

中目黑

恵比寿（P62~63）

広尾

六本木

銀座（P86~91）

人形町（P134~135）

秋葉原（P34~37）

上野（P38~43）

3 ONIBUS COFFEE

☎03-6412-8683　⌂目黑區上目黑2-14-1

9:00~18:00　☺咖啡￥350起

Map

Web

　鄰近中目黑駅的「ONIBUS COFFEE」是一處老屋改裝而成的咖啡店，ONIBUS為葡萄牙語的公共巴士之意，從巴士站到下個巴士站轉化為人與人之間的日常連繫；簡單樸質的木造兩層樓，**店內提供六種咖啡單品和簡單甜點**，點好後可以坐在一旁的花園或是拿到閣樓享用。

中目黒駅
なかめぐろえき/
Nakameguro Station

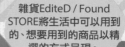

雜貨EditeD / Found STORE將生活中可以用到的、想要用到的商品以精選的方式呈現。

1 1LDK apartments.

☎03-5728-7140 　🏠目黒區上目黒1-7-13 b-town中目黒 EAST 1F 　🕐13:00~19:00，週末12:00~19:00

以英國工廠風格為主軸的生活雜貨店。

達人力推

1LDK是日本知名的生活精選品牌，從男裝為出發原點受到歡迎，進而衍生出更多對生活的新提案；而在**中目黒的1LDK apartments.以公寓為意象，訴求的正是以衣食住出發的日常五感**。小小的公寓隔居中，由中央的一道走廊將空間分為生活雜貨、女性時尚與咖啡廳三處，提供給消費者的衣食住新體感。

Map

Web

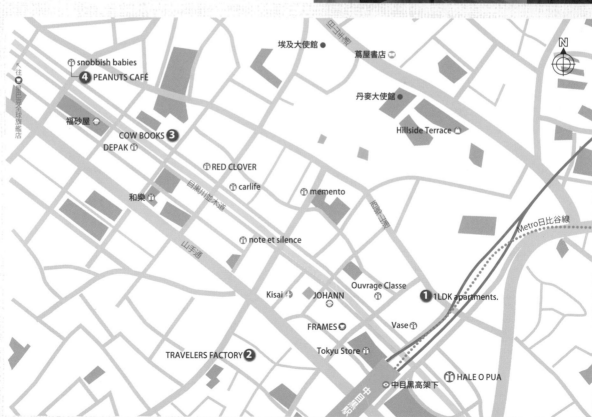

埃及大使館 ●

蔦屋書店 ☕

🍴 snobbish babies
4 PEANUTS CAFÉ

丹麥大使館 ●

福砂屋 ☕

COW BOOKS **3**
DEPAK 🍴

Hillside Terrace 🏠

🍴 RED CLOVER

目黒川遊步大道

🍴 carlife

🍴 memento

和樂 🍴

山手通

🍴 note et silence

Kisai 🍴

JOHANN

Ouvrage Classe 🍴

1 1LDK apartments.

FRAMES ☕

Vase 🍴

Tokyu Store 🏠

TRAVELERS FACTORY **2**

🍴 HALE O PUA

🚃 中目黒高架下

Metro日比谷線

N

③ COW BOOKS

☎03-5459-1747 　⌂目黑區青葉台1-14-11
コーポ青葉台103 　⏰12:00~19:00 　休週一(週假日營業)

　COW BOOKS可以算是引發中目黑地區風格小店潮流的元老之一，店主人松浦彌太郎還曾經著書寫他開書店的歷程，從外觀就可以看到COW BOOKS的與眾不同，內景的最大空間留了讓人可以坐下閱讀的桌椅，**在店主選書下各種系列的書籍都可以找到。**

> 還有COW BOOKS獨家的眼鏡書籤和環保書袋可選購作為紀念。

> 讓文具控流連忘返的天堂！

② TRAVELER'S FACTORY

達人力推

☎03-6412-7830 　⌂目黑區上目黑3-13-10
12:00~20:00 　休週二 　$Traveler’s Notebook¥5,280，Traveler's Notebook Passport size¥4,180

　推開淡藍色的門框進入室內，隨手擺放的地球儀、行李皮箱等旅行元素刺激視覺感官，而牆上、桌面擺放文具用品，**這裡是深受日本人喜愛，甚至在台灣、香港都十分搶手的旅人手帳(Traveler's Note)專賣店。**1樓店內的架上陳列著文具商品，當家招牌商品旅人手帳、內冊、周邊吊飾、小袋、紙膠帶等品項眾多，讓人挑也挑不完。

Map　Web

> 史努比迷必朝聖！

④ PEANUTS CAFÉ

達人力推

☎03-6452-5882 　⌂目黑區青葉台2-16-7
⏰10:00~22:00 　$甜點¥979起

　優雅時尚的目黑川周邊聚集著許多特色店家，咖啡館、雜貨小店、麵包坊、餐廳等，這間以美國西海岸為風格的「PEANUTS CAFÉ」，**清爽的設計加入可愛的史努比妝點空間**，兩層樓的空間可分為一樓的木頭座位區與周邊商品販售區，二樓為用餐區，因餐廳用餐人潮較多，如欲前往建議可先至官網預約座位。

> 史努比各式周邊商品，史努比迷絕不能錯過！

中目黒
恵比寿（P.62~63）
広尾
六本木
銀座（P.86~91）
人形町（P.134~135）
秋葉原（P.34~37）
上野（P.38~43）

広尾駅
ひろおえき/
Hiroo Station

聖心女子大学
有栖川宮記念公園 ◎
❶ Les Grands Arbres
Metro日比谷線
広尾PLAZA ❷
Ⓗ AND THE FRIET
外苑西通り
❹ arobo
❸ 香林院
MELTING IN THE MOUTH
CANVAS TOKYO
N

> 迎面而來的挑高空間，就像身處一座繁花似錦的春日花園。

❶ Fleur Universelle & Les Grands Arbres

> 東京人的心靈綠洲。

達人力推

☎03- 5791-1212　📍港區南麻布5-15-11
11:00~19:00(L.O.18:00)　💲套餐¥1,500起、甜點¥750

在廣尾有一處彷如秘密基地般的夢幻之地，依著

一棵巨大樹木而建的「Les Grands Arbres」，為**花店與咖啡屋的複合式空間**，店面1、2樓為花店「Fleur Universelle」，3樓則作為咖啡屋使用；3樓的用餐空間使用大量木頭設計，搭配花材、植物等營造出優雅氛圍，使用有機食材的餐點也不能錯過。

Map

② 廣尾PLAZA

☎03-3444-8822　📍渋谷區広尾5-6-6 ⌄
1F：10:00~21:00，2F：10:30~19:30

　位在廣尾商店街口的「廣尾PLAZA」，是一棟三層樓建築，內部可分為1~2樓的百貨店鋪專區，以及3樓會員制度的廣尾俱樂部；**店鋪有服飾雜貨、超市、麵包、冰淇淋以及餐廳等，位在2樓還有一台自動演奏的鋼琴，並設有座位區**，如逛累了、或是想躲避一下太陽，不妨在此休息片刻。

③ 香林院

📍渋谷區広尾5-1-2　🪑坐禪體驗：週一~五
7:00開始，週日17:00開始 ⓢ週六

　香林院位在近年十分熱門的廣尾區域，為臨濟宗大德寺派。釋迦牟尼在坐禪中明心見性，為了提供忙碌的都市人一個脱離常軌，能靜下心、探求自我內心的時間，在**週間的早上7點、與週日傍晚5點起的一小時內，分為2次25分鐘的坐禪**，由住持帶領，踏上尋求頓悟的路途。

在住持的帶領下坐禪慢慢將心情平靜，達到無為境界。

店內有一角的香氛專區，放著擴香機與香氛商品。

④ arobo

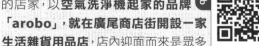

☎03-5422-8923　📍渋谷區広尾5-17-3
🕐11:00~19:00

　位於高級地段的廣尾，可以感受到悠閒的生活步調與更多講求日常質感的店家，以**空氣洗淨機起家的品牌「arobo」，就在廣尾商店街開設一家生活雜貨用品店**，店內迎面而來是眾多生活小物，廚具碗盤、香氛用品等，還有該品牌最知名的空氣洗淨機系列商品，另一邊則是來自大分縣的新鮮野菜蔬果及各國的辛香料等。

六本木駅
ろっぽんぎえき/
Roppongi Station

地標森塔是人人的首逛目標！

① 六本木Hills

達人力推

☎03-6406-6000　🏠港區六本木6-10-1　◯商店
11:00~20:00，餐廳11:00~23:00(依店舖而異)

　2003年4月25日，**六本木Hills在東京都心六本木區域誕生，以54樓超高層摩天樓為中心**，呈圓弧狀展開的複合式建築裡雲集購物、美食、電影院、日式花園、電視台、展望觀景台、商務中心、高級公寓，以及世界一流的頂級飯店。六本木Hills每隔一段時間便大幅度更新所有商店與餐廳，為六本木引入嶄新氣象。

Map 　Web

精選品牌、舒適綠意環境，將東京商場帶入新境界。

② 東京中城

Tokyo Midtown

☎03-3475-3100　🏠港區赤坂9-7-1　◯商店
11:00~21:00，餐廳11:00~24:00(依店舖而異)　㊑
1月1日，其他依店舖而異

達人力推

　由日本不動產龍頭三井建立了城中之城「東京中城」，其絕妙的空間構成，散發出來的是「和」的自然韻律，現代摩登與和風之美的精湛揉合，**Midtown成為商業、住宅、藝術、設計的樞紐重鎮，展現出東京進化演變的最新指標。**

Map
Web

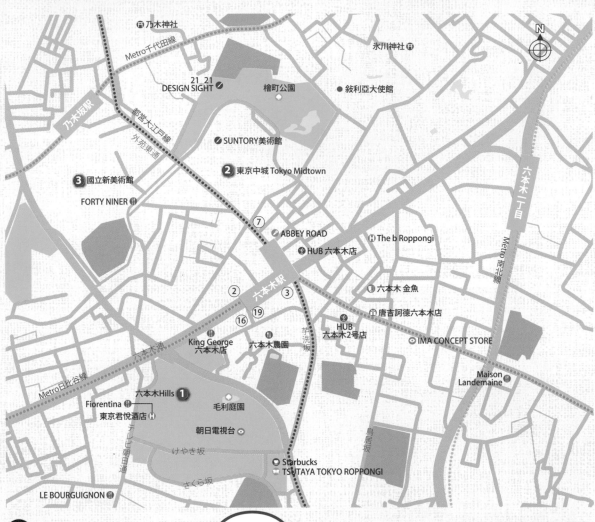

中目黒 ｜恵比寿(P.62~63) ｜広尾 ｜六本木 ｜銀座(P.86~91) ｜人形町(P.134~135) ｜秋葉原(P.34~37) ｜上野(P.38~43)

乃木神社
Metro千代田線
氷川神社
21 21 DESIGN SIGHT
檜町公園
敍利亞大使館
乃木坂駅
都営大江戸線
外苑東通
SUNTORY美術館
② 東京中城 Tokyo Midtown
❸ 國立新美術館
六本木一丁目
Metro南北線
FORTY NINER
⑦
ABBEY ROAD
The b Roppongi
HUB 六本木店
六本木駅
② ③
六本木 金魚
唐吉訶德六本木店
⑯ ⑲
HUB 六本木2号店
IMA CONCEPT STORE
King George 六本木店
六本木農園
芋洗坂
Metro日比谷線
Maison Landemaine
六本木通
六本木Hills ❶
Fiorentina
毛利庭園
東京君悅酒店
朝日電視台
けやき坂
さくら坂
鳥居坂
Starbucks
TSUTAYA TOKYO ROPPONGI
LE BOURGUIGNON

❸ 國立新美術館

最美玻璃帷幕美術館！

達人力推

☎03-6812-9900　港區六本木7-22-2

10:00~18:00，展覽期間週五、六~20:00(入場至閉館前30分鐘)　週二(遇假日順延)，年末年始，維修日　門票依展覽而異

　由鼎鼎大名的黑川紀章所設計的國立新美術館，有著由一片片**玻璃所組合成有如波浪般的外牆，完美詮釋了與周邊森林共生共存的意象。**室內超挑高的空間搭配灰色清水模的高塔設計，隨著光線的變動遞嬗出不同層次的光影表情，整間美術館彷彿有著自己的生命般地在呼吸。

Map

Web

法國廚神 Paul Bocuse在半空中的圓形高塔上開設餐廳，美食與藝術的結合。

中目黑
恵比寿（P62~63）
広尾
六本木
銀座（P86~91）
人形町（P134~135）
秋葉原（P34~37）
上野（P38~43）

六本木駅
ろっぽんぎえき/ Roppongi Station

❶ Fiorentina

☎03-4333-8780 🏠GRAND HYATT東京
1F ⏰9:00~21:00 ⑤提拉米蘇¥990

Fiorentina位在東京君悅飯店1樓的
一隅，隨著日夜流
轉，室內氛圍也隨之
轉換，白天自然光從
窗外輕輕灑入，明亮
而愜意，點上燈光及桌上燭光的夜
晚則浪漫非凡。**Fiorentina提供義
式餐飲及甜點**，以季節食材製作的
義大利道地料理色香味俱全。

由獲獎無數的
師傅製作的甜點外
型簡單悅目、口味
香甜不膩。

❷ 永坂更科布屋太兵衛

☎03-3585-1676 🏠港區麻布十番1-8-7 ⬇
11:00~21:00(L.O.20:30) ⑤御前そば(御前蕎
麥麵)¥1,100

　位於麻布十番的蕎麥麵老舖，**創業
於寬政元年，經營的歷史已經超過了兩百年**，曾經進
奉給德川將軍，是經過歷史考驗的御用美味。堅持只
使用蕎麥粒的蕊心磨成粉後手工製成，纖細淡薄的
優雅口味，提供甜
味以及辣味兩種不
同的沾醬，並且附贈煮
蕎麥麵的麵湯。

中目黒

恵比寿 (P62~63)

広尾

六本木

銀座 (P86~91)

人形町 (P134~135)

秋葉原 (P34~37)

上野 (P38~43)

國立新美術館

FORTY NINER

東京中城 Tokyo Midtown

ABBEY ROAD

The b Roppongi

HUB 六本木店

六本木駅

六本木 金魚

唐吉訶德六本木店

HUB 六本木2号店

King George 六本木店

六本木農園

IMA CONCEPT STORE

Maison Landemaine

Fiorentina

東京君悅酒店

六本木Hills

毛利庭園

朝日電視台

けやき坂

さくら坂

LE BOURGUIGNON

Starbucks

TSUTAYA TOKYO ROPPONGI

都営大江戸線

麻布かりんと

麻布十番あげもち屋

奥地利大使館

永坂更科布屋 太兵衛

麻布十番駅

狸坂

品嚐法國的典雅慢活滋味。

3 Maison Landemaine Azabudai 達人力推

☎03-5797-7387 ⊕港區麻布台3-1-5 ▽

8:00~19:00 Ⓢbaguette(法式棍子麵包)¥280

　由麵包職人石川芳美與其法籍丈夫共同打造的Maison Landemaine，在巴黎共有16間店舖，進軍東京的店面走簡潔大方的風格，一踏入店舖，首先吸引目光的，是舖上種類多樣的各式麵包和手工餅乾，**附設的餐廳也可以品嚐早午餐、咖啡**等，可坐下來休息品嚐。

Map

Web

Metro千代田線
Chiyoda Line

Data
起訖點：北綾瀨~代代木上原
通車年份：1978年全線開通
車站數：20站
總長度：24.0km

千代田線是從綾瀨駅到澀谷區的代代木上原駅間的地下鐵道，在代代木上原駅就能轉搭小田急小田原線。而從綾瀨駅還有一條支線向北延伸至北綾瀨駅，因為不是每一班車都能直達，所以搭乘時須特別注意。

千駄木駅

千駄木駅就位在谷根千地區團子坂的十字路口，從車站出來後可以發現這裡少了一般對東京印象的燈紅酒綠、喧鬧人潮，只有安靜的街巷、淳厚的人情，古老的木造建築，以及夕陽餘暉中閃爍著光芒的長長坂道。活生生的舊式風景，也難怪東京人為此地深深著迷。

氷蜜堂
氷蜜堂(ひみつ堂)刨冰的糖漿由季節水果熬製而成，故菜單會分為夏季與冬季兩種，夏天只提供刨冰，但冬天除了刨冰外也提供自家製焗烤料理，能讓身體暖呼呼。

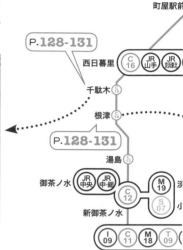

町屋駅前

P.128-131

西日暮里 ⓒ16　JR山手　JR京濱東北

千駄木 ⓒ15

根津 ⓒ14

P.128-131

湯島 ⓒ13

御茶ノ水　JR中央　JR中線　ⓒ12　M19　S07

新御茶ノ水

Ⅰ09　ⓒ11　M18　T09

二重橋前

Ⅰ08　ⓒ07　ⓒ09

日比谷

明治神宮前〈原宿〉駅

無論購物、玩樂或美食，表參道、原宿一帶永遠是東京的新話題。而明治神宮前駅就位在這一區域的正中心。從這一站，不管是到充滿元氣的竹下通、原宿，還是自然文化薈萃的明治神宮，甚至是流行時尚的表參道，都十分方便。2008年副都心線開通後，使這裡通向新宿、池袋都更加方便。

P.120-123

代代木上原 ⓒ01　小田急小田原

代代木公園

明治神宮前〈原宿〉 ⓒ03　F15

P.102-103

ⓒ04　Z02　G02

赤坂

乃木坂

国会議事堂前 ⓒ07　M14

溜池山王 G06　N06

H06　M15　ⓒ08

霞ケ関

P.124-127

表参道駅

一出表參道駅，就能見到寬敞的歐風大街。世界名牌均群聚在此，紛紛設立旗艦店，將此打造成時尚建築的流行大道。再走遠一點，來到了個性十足的青山，巷弄中個性小舖與美髮沙龍林立，均流露出非凡的品味。多種風格匯聚一地，等待不同的族群來發掘，從視覺、聽覺都讓人捨不得錯過任何精采的畫面。

Qu'il fait bon 青山
Qu'il fait bon店裡最受歡迎的是鮮豔誘人的水果塔，酥脆的塔皮加上甜度適中的濃香奶油，令人意猶未盡。

東急PLAZA 表參道原宿
全館進駐約20間店舖，首次登陸日本或東京的新鮮品牌，或是人氣品牌以新型態出店，全都是一時之選。

路線圖

北綾瀬 06

綾瀬 C 19 / JR 常磐

北千住 C 18 / H 21 / JR 常磐 / 東武伊勢崎線 / つくば

都電荒川 / 京成 / C 17
町屋

田舎

路町
川町

Z 08 大手町

Y 18 / JR 山手
有楽町

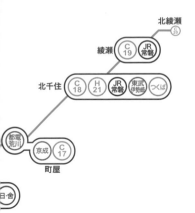

根津駅

　根津駅所在地就是被東京人暱稱「谷根千」的谷中·根津·千駄木地區，這裡保留了江戶後期的古樸風情，悠閒和緩的慢板步調在這兒飄蕩。根津駅在綾瀬側改札口有放一個金魚水族箱，連坐在車上都能看到，而在代代木上原側改札口正面則有一個書架，上頭擺滿書讓民眾自由閱讀。在車站內也有通往上野動物園的指標，想省車錢的旅人不妨從這裡走過去。

根津釜竹
這間在根津車站附近巷弄裡的手作烏龍麵店，店內一部分是利用大正時代倉庫改建。烏龍麵都是現點之後才桿麵，雖然需要等候，新鮮麵條的嚼勁絕對值得等待。

Stop by Stop 零殘念精華路線推薦
達人帶你玩 千代田線

明治神宮前《原宿》駅
明治神宮
1
建議參觀時間：60~120分鐘
有座日本最大原木製的鳥居明治神宮，是為了供奉明治天皇和昭憲皇太后所建，內有本殿、寶物殿、神樂殿等莊嚴的建築，御苑裡古木參天、清幽自然，是東京都內難得的僻靜之處。

明治神宮前《原宿》駅
DESIGN FESTA GALLERY
2
建議參觀時間：60~100分鐘
DESIGN FESTA GALLERY(D.F.G)是一處現代藝術的展出空間，任何人都可以自由進出觀賞。1、2樓被隔成13間展覽室，提供年輕的藝術創作者展示作品，只要是出於「原創」就可以加入。

根津駅
カヤバ珈琲
3
建議參觀時間：30~40分鐘
カヤバ珈琲外觀是古樸的日式兩層樓建築，推薦點復刻版的雞蛋三明治，溫熱的烤吐司夾著厚實鬆軟的炒蛋，昭和的老味道當屬這一味，細細品味席間的大正昭和風情。

根津駅
根津神社
4
建議參觀時間：30~60分鐘
根津神社為戰國時期桃山風格的建築，一旁連綿十幾公尺長的朱紅鳥居「乙女稻荷」也是根津代表性的景點之一。

千駄木駅
谷中銀座
5
建議參觀時間：40~90分鐘
谷中銀座是一條老式情懷商店街，店家建築都很小巧、比鄰而立，除了販賣民生用品外，還有許多很有意思的特色小店，平凡中帶有老街獨有的氛圍。

表参道駅
表参道Hills
6
建議參觀時間：90~120分鐘
開幕之後等同於東京表參道的代名詞，人潮洶湧的表參道Hills是最受注目的購物中心。包含世界級精品、時尚餐廳、休閒咖啡屋、流行服飾等。

表参道駅
とんかつまい泉 青山本店
7
建議參觀時間：30~60分鐘
在昭和時代的雅致洋房中，品嚐口感細膩卻又保有豬肉紋理的豬排，再搭配四種專用特調醬汁，甜中帶酸的濃郁風味，十分引人入勝。

C
Metro 千代田線

119

明治神宮前

表参道

赤坂
(P.102~103)

大手町
(P.28~33)

根津

千駄木

明治神宮前駅
めいじじんぐうまええき/
MeijiJingumae Station

百貨入口以各式鏡面組成宛如萬花筒般情境的畫面，想來張特殊東京紀念照，這裡絕對能拍出非常夢幻的畫面喔。

集結了世界與日本的各大品牌及餐飲設施，無可挑剔的全能賣場！

1 **東急PLAZA 表參道原宿**

☎03-3497-0418 ⚐渋谷區神宮前4-30-3 🕐11:00~20:00，6~7F
餐飲8:30~22:00

達人力推

 Map
 Web

以「只有這裡才有(ここでしか)」「因為是這裡(ここだから)」為中心概念，引進**首次登陸日本的新鮮品牌，也邀請受歡迎的品牌在此以不同的型態出店**，總計約20間流行服飾、配件與生活雜貨店舖，為流行發祥地的原宿表參道，掀起另一波時尚話題。

2 **Q Plaza HARAJUKU**

⚐渋谷區神宮前6-28-6 🕐依各店而異 ⊙
依各店而異

於2015年開幕的Q Plaza HARAJUKU由代官山T-SITE 的設計師Klein Dytham所監修，佇立在明治通上的高聳玻璃帷幕外觀甚是明亮醒目。**共計11層樓的館內集結了11間餐飲、購物、美容等店舖，成為當地最新的流行發祥地。**

 Map
 Web

> 日式茶點心的店家相當多，但像茶茶の間把焦點放在品茶上的店家卻很少。

❸ 茶茶の間

☎03-5468-8846　📍渋谷區神宮前5-13-14

13:00~16:30　休週一、二、三（價錢）甜點¥1,400起

達人力推

一般市售的日本茶，大多以混合品種烘焙而成，但**茶茶の間店主人則深入日本各地產區，精選並生產單一莊園、單一品種茶葉**。店內的綠茶十分濃郁，和一般喝的口味有著天壤之別，茶葉品質高下立見。提供超過30種綠茶可以選擇，初學者可以從品飲套餐（飲み比べセット）入門，由店主人精選三種茶並親自沖泡，讓人感受滿盈口腔的茶香。

Map ▢　Web ▢

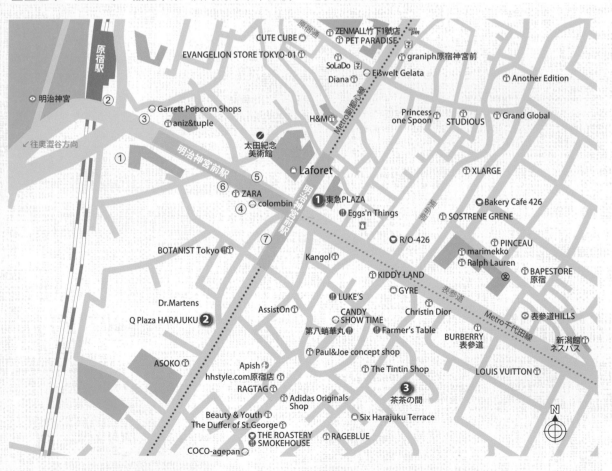

原宿駅
明治神宮
②
③ Garrett Popcorn Shops
aniz&tuple
往奧澀谷方向
①
明治神宮前駅
明治神宮前駅
太田紀念美術館
⑥ ⑤
ZARA
④ colombin
⑦
Laforet
❶ 東急PLAZA
Eggs'n Things
R/O-426
BOTANIST Tokyo
Kangol
Dr.Martens
Q Plaza HARAJUKU ❷
AssistOn
LUKE'S
CANDY SHOW TIME
第八蛸華丸
Farmer's Table
ASOKO
Apish
hhstyle.com原宿店
RAGTAG
Beauty & Youth
The Duffer of St.George
THE ROASTERY SMOKEHOUSE
COCO-agepan
Adidas Originals Shop
Paul&Joe concept shop
The Tintin Shop
❸ 茶茶の間
Six Harajuku Terrace
RAGEBLUE

CUTE CUBE
EVANGELION STORE TOKYO-01
原宿通
ZENMALL竹下1號店
PET PARADISE
SoLaDo
Diana
graniph原宿神宮前
Eiswelt Gelata
Another Edition
H&M
Princess one Spoon
STUDIOUS
Grand Global
XLARGE
Bakery Cafe 426
SOSTRENE GRENE
PINCEAU
marimekko
Ralph Lauren
BAPESTORE 原宿
KIDDY LAND
GYRE
Christin Dior
表参道
BURBERRY 表参道
LOUIS VUITTON
表参道HILLS
新潟館 ネスパス
Metro千代田線

N

明治神宮前駅
めいじじんぐうまええき/
MeijiJingumae Station

大口BITE！
美東來的超人氣
龍蝦熱狗，肉質鮮
美彈牙。

①LUKE'S

達人力推

☎03-5778-3747 📍渋谷區神宮前5-25-4 ⏰11:00~20:00

💲SEAFOOD ROLLS(海鮮堡)¥1,500起

Map

Web

來自紐約的龍蝦堡專賣店LUKE'S，使用100%美國東岸緬因州所產的波士頓龍蝦，大方地鋪滿整個熱狗堡，滿滿的波士頓龍蝦再擠上一點檸檬汁，撒上胡椒粉調味，嚐來新鮮Q嫩，價格又不貴，來到原宿時買一個邊走邊吃，填填小餓的肚子剛剛好！

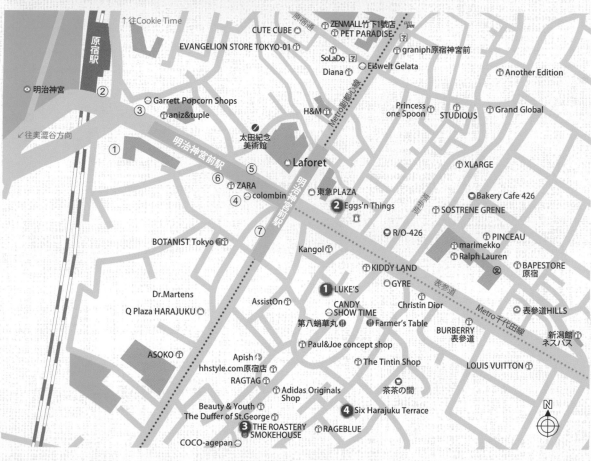

③ THE ROASTERY

☎03-6450-5755 ♠渋谷區神宮前5-17-13 ◐10:00~20:00 ⑤カフェラテ(拿鐵)¥680

Map / Web

彷彿劇場一般的空間，咖啡職人在圓形的吧檯中操作著咖啡機與杯盤，磨頭、加熱、一氣呵成，隨著蒸氣「咻！」地冒出，**一股濃香瀰漫，恰到好處的油脂香氣伴著輕巧果酸，識貨人都心知肚明，這就是好咖啡的味道。**另外，也與烘培專門店NOZY合作，店也亦提供販賣來自世界各地一時之選的咖啡豆。

> 店裡提供單一品種的莊園咖啡，每一~二週便會更換咖啡豆。

② Eggs'n Things

> 不只是白天，連晚上都能輕鬆品嘗來自夏威夷的人氣鬆餅！

達人力推

☎03-5775-5735 ♠渋谷區神宮前4-30-2 ◐8:00~22:30(L.O. 21:30) ㉁不定休

Strawberry Whip Cream and Macadamia

Map / Web

Nuts(草莓佐夏威夷豆奶油鬆餅)¥1,370
1974年創立於夏威夷的人氣鬆餅舖Eggs'n Things，其宗旨是「整天都吃得到的早餐店」，店裡還供應早餐、歐姆蛋等鹹食，同樣充滿蛋香。**大片鬆餅配上滿滿的草莓，以及10公分高的鮮奶油，和親朋好友一起分食，過癮極了。**

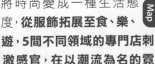

④ SIX HARAJUKU TERRACE

> 想知道東京的流行最前端，就是要來這裡逛逛！

達人力推

☎依店舖而異 ♠渋谷區神宮前5-16-13 ◐依店舖而異

Map

複合商場 SIX HARAJUKU TERRACE 將時尚變成一種生活態度，從服飾拓展至食、樂、遊，5間不同領域的專門店刺激感官，在以潮流為名的霓虹燈照射下，生活變得炫彩奪目。渴望更創新的概念，更貼近自我的流行主張，讓潮人物在瞬息萬變的時尚中站穩腳步，展現難以取代的流行存在主義。

明治神宮前

表参道

赤坂
(P.102~103)

大手町
(P.28~33)

根津

千駄木

表参道駅
おもてさんどうえき/
Omotesando Station

表参道Hills的標誌「參」字，取自於明治神宮的鳥居形象。

現代化的外觀一角還保留有一棟與同潤會公寓有著相同外觀的建築，外牆使用的素材是老建築材料的再生。

1 表参道Hills
Omotesando Hills

☎03-3497-0310 ⚑渋谷區神宮前4-12-10 ⏱購物、咖啡11:00~21:00、週日~20:00餐廳~23:00、週日~22:00(點餐至打烊前1小時) ⊗不定休

建築迷、哈日迷、安藤迷，不管任何理由，沒有來到表参道Hills，就等於沒有來過原宿表参道！

表参道Hills是表参道最受注目的購物中心，呈現螺旋狀緩坡設計的內部空間裡，有首次登陸日本的時尚名店及新形態的獨創品牌。自從落成以來，表参道上的人潮在平日就像落成前的週末假日般擁擠，無論是來逛街購物、品味流行，或是純粹來欣賞大師設計，人們走在這似曾相識、陌生卻又熟悉的街道上，過去、現在與未來的呼吸點，透過安藤忠雄的創意構思，又走在同一軌道上。

達人力推

Map

Web

外帶一份豬排三明治，體會老派東京的高檔美味。

2 とんかつまい泉
青山本店

達人力推

☎050-3188-5802 ⚑渋谷區神宮前4-8-5 ⏱11:00~21:00 ⊗週二 💲ヒレかつサンド(菲力豬排三明治)¥560(3入)，黑豚ヒレかつ膳(黑豚菲力豬排餐)¥3,500

Map
Web

昭和時代建立的雅致洋房，原本是間大眾錢湯，豬排飯名店とんかつまい泉選擇在此做為本店，挑高空間與明亮採光，讓豬排這款庶民小吃，變得講究起來。**店裡的豬排號稱柔軟到用筷子就能分開，豬排整片從豬肉片下，經過拍打去筋，沾裹特製麵包粉後高溫油炸，鎖住美味和肉汁。**

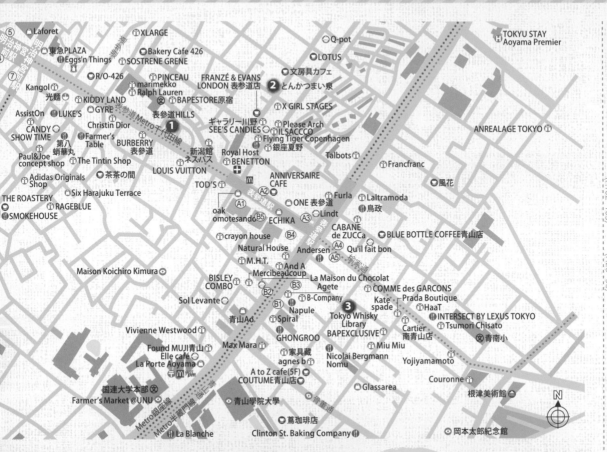

明治神宮前 ｜ 表參道 ｜ 赤坂(P.102~103) ｜ 大手町(P.28~33) ｜ 根津 ｜ 千駄木

⑤ Laforet ① XLARGE ① Q-pot ① TOKYU STAY Aoyama Premier
④ 東急PLAZA ① Bakery Cafe 426 ① LOTUS
① Eggs'n Things ① SOSTRENE GRENE
⑦ R/O-426 ① PINCEAU ① 文房具カフェ
Kangol ① marimekko FRANZÉ & EVANS LONDON 表参道店 ② とんかつまい泉
光麺 ① Ralph Lauren ① BAPESTORE原宿
AssistOn ① KIDDY LAND ① X GIRL STAGES
① LUKE'S GYRE ANREALAGE TOKYO ①
CANDY Christin Dior 表参道HILLS ① Please Arch
SHOW TIME ① Farmer's Table ギャラリー川野 ① ILSACCCO
第八 蛸華丸 SEE'S CANDIES ① Flying Tiger Copenhagen
Paul&Joe concept shop BURBERRY 表参道 ① 銀座夏野
① The Tintin Shop 新潟館 ネスパス Royal Host ① Talbots
Adidas Originals Shop 茶茶の間 LOUIS VUITTON ① BENETTON ① Francfranc
Six Harajuku Terrace TOD'S ANNIVERSAIRE CAFE
THE ROASTERY oak omotesando A1 ① ONE 表参道 ① Furla ① Laltramoda
① RAGEBLUE B5 ECHIKA A3 Lindt ① 鳥政
① SMOKEHOUSE crayon house B4 CABANE de ZUCCa ① BLUE BOTTLE COFFEE青山店
Natural House Andersen A4 Qu'il fait bon
Maison Koichiro Kimura ① M.H.T. A5 And A
Mercibeaucoup La Maison du Chocolat
BISLEY COMBO B3 Agete ① COMME des GARCONS
Sol Levante ① B2 ① B-Company Kate spade Prada Boutique
青山Ao B1 Napule ③ Tokyo Whisky Library ① HaaT ① INTERSECT BY LEXUS TOKYO
Vivienne Westwood ① Spiral BAPEXCLUSIVE Cartier 南青山店 ① Tsumori Chisato
Found MUJI青山 GHONGROO Miu Miu ① 青南小
Elle café 家具蔵 Nicolai Bergmann Nomu Yojiyamamoto
La Porte Aoyama agnes b ①
A to Z cafe(5F) ① Couronne ①
国連大学本部 ⊗ COUTUME青山店 ① Glassarea 根津美術館 ⑩
Farmer's Market @UNU
青山學院大學 蔦珈琲店 ⑭ 岡本太郎紀念館
① La Blanche Clinton St. Baking Company ①
Max Mara N

以威士忌生奶油佐巧克力熔岩蛋糕，是大人限定的甜點體驗。

微苦巧克力與辛辣威士忌交會出大人才懂的優雅氣味。

達人力推

③ Tokyo Whisky Library

☎050-5385-3384 ⌂港區南青山5-5-24(南青山サンタキアラ教會2F) ⏰12:00~15:00，17:30~23:00，週末例假日12:00~23:00 ⑤Classic Chocolate Cake(經典巧克力蛋糕)¥968

位在東京表參道的威士忌酒吧「Tokyo Whisky Library」，為了將威士忌文化推廣至年輕族群，特別與東京最流行的 Bean to Bar 巧克力品牌「Minimal」合作，創作獨特的巧克力品酒體驗。空間設計以「圖書館」為主題，分設各種區域，適合獨自小酌、在吧檯和調酒師攀談、和三五好友小聚、舉辦歡樂活動。

Map
Web

表参道駅
おもてさんどうえき/
Omotesando Station

Chocolat Tin Can

❶ Q-pot CAFE

☎03-6447-1218 ⌂渋谷區神宮前3-4-8 ⊙
11:00~19:00，2023/7/4~9/5為12:00~20:00
⊗年末年始，不定休 ⑤ネックレスプレート(necklace plate)¥1,400

外觀看來十分低調的Q-pot CAFE，店裡彷彿進到糖果屋般，上頭的吊燈是牛奶瓶造型，有的區域以粉彩色系與白色組成，有的桌子跟牆面則像是可口的餅乾。Q-pot CAFE提供各種令人食指大動的餐飲，最具特色的餐點就是「リングプレート」(ring plate)與「ネックレスプレート」(necklace plate)，選擇喜歡的餐盤後再選擇喜歡的甜點。

 Map

 Web

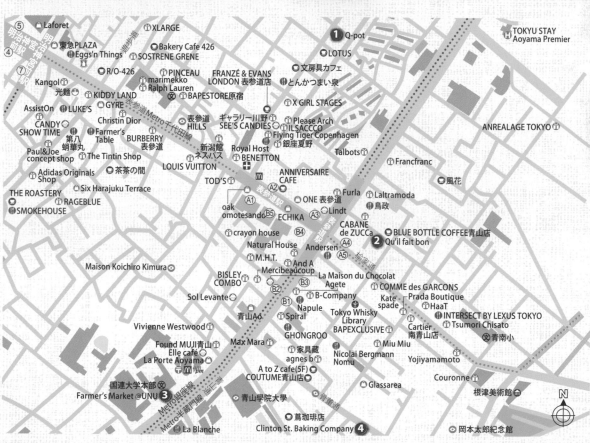

⑤ Laforet
⌂XLARGE
東急PLAZA
④ Eggs'n Things
Bakery Cafe 426
⌂SOSTRENE GRENE
⑦ R/O-426
Kangol
光麵
PINCEAU
marimekko
Ralph Lauren
FRANZÉ & EVANS LONDON 表参道店
BAPESTORE原宿
AssistOn
KIDDY LAND
LUKE'S
GYRE
Christin Dior
CANDY
SHOW TIME
Farmer's Table
BURBERRY
第八蛸華丸
Paul&Joe concept shop
The Tintin Shop
茶茶の間
Adidas Originals Shop
THE ROASTERY
RAGEBLUE
Six Harajuku Terrace
SMOKEHOUSE
表参道Metro千代田線
表参道
HILLS
ギャラリー川野
SEE'S CANDIES
Please Arch
IL SACCCO
Flying Tiger Copenhagen
銀座夏野
新潟館
Royal Host
BENETTON
LOUIS VUITTON
TOD'S
oak omotesando
crayon house
Natural House
Andersen
M.H.T.
And A
Mercibeaucoup
BISLEY COMBO
La Maison du Chocolat
Agete
Sol Levante
B-Company
青山Ao
Napule
Spiral
GHONGROO
Vivienne Westwood
Max Mara
Found MUJI青山
Elle café
La Porte Aoyama
家具藏
agnes b
国連大学本部
Farmer's Market @UNU ❸
La Blanche
青山學院大學
蔦珈琲店
Clinton St. Baking Company ❹
❶ Q-pot
TOKYU STAY Aoyama Premier
LOTUS
文房具カフェ
とんかつまい泉
X GIRL STAGES
ANREALAGE TOKYO
Talbots
Francfranc
風花
ANNIVERSAIRE CAFE
Furla
Laltramoda
ONE 表参道
鳥政
Lindt
ECHIKA
CABANE de ZUCCa
BLUE BOTTLE COFFEE青山店
❷ Qu'il fait bon
COMME des GARCONS
Prada Boutique
Kate spade
HaaT
INTERSECT BY LEXUS TOKYO
Tokyo Whisky Library
BAPEXCLUSIVE
Cartier 南青山店
Tsumori Chisato
青南小
Miu Miu
Nicolai Bergmann Nomu
Yojiyamamoto
Couronne
根津美術館
Glassarea
A to Z cafe(5F)
COUTUME青山店
岡本太郎紀念館
Maison Koichiro Kimura

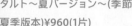

青山代表甜點
水果塔。

2 Qu'il fait bon

達人
力推

☎03-5414-7741　🏠港區南青山3-18-5
11:00~19:00　⏰不定休　💰季節のフルーツ
タルト～夏バージョン～(季節限定水果塔～
夏季版本)¥960(1片)

Map

　　走入Qu'il fait bon，首先映
入眼簾的，是一個特大的展示
櫃，櫃中放著超過20種色彩繽紛
的蛋糕和水果塔，看著琳瑯

Web

滿目的甜點，讓人不知如何挑
選。店裡最受歡迎的，是鮮豔誘
人的水果塔，酥脆的塔皮加上甜
度適中的濃香奶油，教人意猶未盡。

不管是經典
款、季節限定款，每
種都好吃到讓人欲
罷不能。

3 Farmer's Market @ UNU

🏠渋谷區神宮前5-53-70 國連大學前廣場　⏰每週末
10:00~16:00　💰免費入場

Map

　小農市集Farmer's Market @ UNU
於**每週末在青山的國連大學前廣場進
行，每次約70家攤位共襄盛舉**，販售的
物品多以農產品或副產品為主，不販
售肉類等不易存放的生鮮品，也不

Web

刻意標榜有機作物，而是一群關心友善
土地、健康飲食等議題並且對食文化有
獨立價值觀的人揭竿起義。

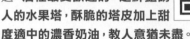

4 Clinton St. Baking Company

☎03- 6450-5944　🏠港區南青山5-17-1　⏰9:00~18:00　💰エ
ッグベネディクト(班尼迪克蛋)¥1,870、パンケーキwithメー
プルバター(鬆餅配熱楓糖奶油，可配藍莓、香蕉、巧克力三擇
一)¥1,760

Map

　大廚尼爾與美食作家迪迪這對
夫妻檔，在紐約創設餐廳Clinton St.
Baking Company，**以高品質的雞蛋、
麵粉、牛奶等精選食材，創造出讓
潔西卡艾芭等紐約名流也瘋狂的
早餐，被紐約雜誌票選為「最棒的鬆
餅」**。標榜讓早晨時光延續，餐廳全日

Web

供應Brunch，真材實料又充滿熱情的美味，讓你隨時
都能擁有好心情。

根津駅・千駄木駅
ねづえき・せんだぎえき／Nezu Station・Sendagi Station

① 谷中銀座

💬 最具當地風情的老街，兩旁賣店各自吆喝聲感受到下町的熱情活力！

📍台東區谷中~西日暮里一帶　🕙約10:00~19:00(依店舖而異)

谷中銀座是一條富有活力的古老商店街，感覺起來像台灣鄉下的廟口小街。小巧又精緻的店家比鄰而立，除了**蔬果店、麵包店、生活雜貨、便宜衣服、木屐鞋襪等民生用品之外，還有許多很有意思的特色小店**，平凡中帶有老街獨有的氛圍。

達人力推

 Map

 Web

② 谷中松野屋

💬 松野屋以優雅風格保存老東西，喜歡生活美學的人絕不能錯過！

☎03-3823-7441　📍荒川區西日暮里3-14-14　⊘

11:00~19:00，週六例假日10:00~19:00，週日10:00~18:00　🈺週二(遇假日營業)

早在「生活雜貨」這個名詞出現前，松野屋就以「荒物問屋」的名稱，販賣各種手工製作的生活用品，已有六十多年的歷史。2010年松野屋在谷中銀座的主要道路上開了小店，**秉持對於手工製作、天然素材、經久耐用和價格合理的理念，很受地方人士和旅客們的喜愛。**

達人力推

Map

Web

N

明治神宮前

表参道

赤坂（P.102~103）

大手町（P.28~33）

根津

千駄木

不忍通

肉のサトー
谷中メンチ
トーホー
和栗や
❶ 谷中銀座
夕焼けだんだん
後藤の飴
Neco Action
氷蜜堂
HAGISO
❷ 松野屋
やなかしっぽや
やなか珈琲
薬膳カレー
nora Chocolatier Inamura Shozo
羽二重団子
東口
JR常磐線
南口
羽二重団子
觀音寺
築地塀
長谷川一夫之墓
千駄木駅
② ①
RYU
菊見仙貝
いせ辰
❸ 谷中堂
SLOW
Canova
乱歩
Bousingot
千駄木露地
C.A.G
ギャラリー猫町
三崎坂
谷中靈園
tokyobike Rentals 谷中
Metro千代田線
旅ベーグル
爬虫類両生類研究所8
喫茶 分室
CLASSICO
Bonjour mojo2
根津釜竹
① ②
弥生美術館・竹久夢二美術館

❸ 開運 谷中堂

📞 03-3822-2297 　🏠 台東區谷中5-4-3

10:30~17:30 　💰 招財貓800起

　店內的招財貓，大多是由店主和朋友在店舖後方的工房親手燒製繪成，不但種類眾多，每只小貓的神情都不盡相同，比起一般的招財貓更多了活潑的生氣。除了招財貓之外也有狗狗和其他十二生肖動物的相關小物，如果事前在網頁上提供自家貓咪的照片，店家也可以為你特別製作專屬招財貓。

Map

Web

明治神宮前

表參道

赤坂
(P.102~103)

大手町
(P.28~33)

根津

千駄木

根津駅・千駄木駅
ねづえき・せんだぎえき/ Nezu Station・Sendagi Station

2 菊見仙貝總本店

菊見せんべい総本店

☎03-3821-1215 ◎文京區千駄木3-37-16 ◎
10:00~19:00 ⨉週一 ◉せんべい(仙貝)一枚¥70起

達人力推

從大大的玻璃缸中挑選喜歡的仙貝，邊走邊吃最是對味！

在谷根千老街區，仙貝店是常見的店家種類之一。明治8年(1875年)創業的菊見仙貝，富有古風的木造建築幸運未受關東大地震和戰爭波及，至今依然保存完好。**菊見仙貝特徵是呈四方形，香脆不黏牙，不論是懷舊的醬油口味，還是抹茶、唐辛子、砂糖等都別具滋味。**

Map

成落仙貝堆疊在玻璃罐中的情景很有懷舊氣氛。

1 谷中咖啡店

やなか珈琲店

☎0120-874-877 ◎台東區谷中3-8-6
◉10:00~20:00

達人力推

谷根千的代表咖啡，想要品嚐在地精神，就要來やなか珈琲店。

やなか珈琲店其實是一個咖啡品牌，小店門面大約只有2公尺，店內設有3、4個簡便座位，**可以在這裡享受現場磨咖啡豆的香氣，以及當地的婆婆媽媽們騎著腳踏車順道進來喝杯咖啡，和店員們閒話家常的在地生活感。**谷根千地區有3家店舖，除了谷中店外，在千駄木、根津也能喝到這美味咖啡。

Map

Web

③ カヤバ珈琲

☎ 03-5832-9896 ⌂ 台東區谷中6-1-29
🕐 8:00~18:00 ㊡ 週一

Map

Web

　位在谷中與上野堺隈之上的カヤバ珈琲，從外觀看來是棟古樸的日式兩層樓建築，彷彿將時光凝結的黃色看版，復古的手寫招牌字、屋瓦前緣的凸圓巴紋、瓦下垂木切面塗白等等小細節，讓人感到濃濃的生活感。**建議可以點份復刻版的雞蛋三明治，溫熱的烤吐司夾著厚實鬆軟的炒蛋，一口咬下香嫩滑口，經典老味道當屬這一味。**

地圖標示：
夕焼けだんだん
肉のサトー
谷中メンチ
後藤の飴
Neco Action
トーホー
谷中銀座
和栗や
氷蜜堂
松野屋
やなか珈琲 ①
HAGISO
やなかしっぽや
藥膳カレー
千駄木駅 ②
觀音寺
築地塀
RYU ② 菊見仙貝
谷中堂
Canova
いせ辰
SLOW
Bousingot
千駄木露地
乱歩
C.A.G
ギャラリー猫町
三崎坂
tokyobike Rentals 谷中
旅ベーグル
爬虫類両生類研究所8 喫茶 分室
CLASSICO
Bonjour mojo2
SCAI THE BATHHOUSE
嵯峨の家
カヤバ珈琲 ③
桃林堂
東京藝大
藝大圖書館
根津釜竹
HOTEL GRAPHY NEZU
東京都美術館
上野恩賜公園
上野動物園
動物園入口
弥生美術館・竹久夢二美術館
Metro千代田線

都営淺草線
Asakusa Line

Data
起訖點：西馬込~押上
通車年份：1968年全線開通
車站數：20站
總長度：18.3km

連接了日本橋、人形町、淺草及東京晴空塔等景點的都營淺草線，因行經下町色彩濃厚的淺草，因而取名為淺草線，代號則為A。淺草線沿途不少站都可以和其他鐵路相互轉乘，十分方便。另外，淺草線在泉岳寺駅和京急本線直通運轉，可直通羽田機場；另一側的押上駅則與京王押上線直通運轉，可以前往成田機場。

浅草駅

浅草可說是最具江戶風情的代表性觀光地，除了江戶時代的德川幕府特別指定為御用祈願所的淺草寺，沿途處處是古樸的建築，街巷裡藏有不少百年歷史的美味老舖，還有上演江戶傳統演藝的「淺草演芸ホール」、與車站直結的商場Ekimise等，交織成淺草獨有的下町風情。

淺草寺
淺草寺是淺草的信仰中心，原先只是座小小的廟堂，後來淺草觀音寺漸漸成為了武將和文人的信仰中心，直到現在依然香火鼎盛。

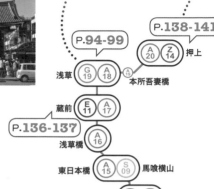

P.94-99

P.138-141

浅草 G19 A18 本所吾妻橋
押上 A20 Z14

藏前 E11 A17
P.136-137

浅草橋 A16

東日本橋 A15 S09 馬喰横山

P.92-93

人形町 A14 H13
P.134-135

P.150-151 日本橋 G11 T10 A13

新橋

宝町

三田 A08 G08 I04

五反田 JR山手 東急池上 A05

A06 高輪台 A07 泉岳寺

A09 E20 大門

A10 G08 U01 JR東海道 JR京浜東北

東銀座 H09 A11

P.86-91

馬込 A02

中延 A03 戶越 A04

西馬込 A01

新橋駅

都營淺草線於1960年開業，當時的營業路段為押上駅至淺草橋駅，至1963年12月12日才延伸路線至本站。新橋駅上有4個鐵路系統的路線在此相接，分別是JR線、Metro銀座線、都營淺草線及百合海鷗號，是進出台場時重要的轉乘車站。

東銀座駅

都營淺草線與Metro日比谷線在此相交，本站與銀座駅、日比谷駅之間由地下通道連接，徒步即可相通，而藉由通道還可前往有樂町駅、二重橋前駅、大手町駅及東京駅。與出口3直結的歌舞伎座是此處的地標與最知名的景點，從1889年開設至今已超過百年，中間經過4次重建整修，現在所看到的為第五代。

歌舞伎座
外觀採用和風桃山樣式的歌舞伎座，最近一次重建是經隈研吾之手所設計改造，傳統風格的建築內，一年到頭都上演著一部部膾炙人口的傳統歌舞伎，華麗而誇張的妝容相當具有張力與戲劇性，值得前去體驗。

日本橋駅

日本橋擁有淵遠的歷史背景，由德川家康建於1603年的日本橋是江戶城發展的起點，之後日本最早期的郵局事業和銀行系統發祥於此，最早的百貨公司三越、老字號高島屋還有交通樞紐東京車站都位於同區，是日本邁向現代化的重要起點。在今天的日本橋區域，能感受到從江戶歷經明治西洋風情的歷史步履，江戶時代營業至今的老舖也不少。

押上駅

在押上駅上有4條鐵路系統,其中Metro半藏門線與東武伊勢崎線直通運行,都營淺草線與京成押上線直通運行。在晴空塔設置之前這裡一直被人稱為「下町」,充滿了懷舊的風情,自從東京晴空塔落成開幕後,周邊一帶已經成為東京最受歡迎的地標景點。

東京晴空塔城
東京晴空塔取代東京鐵塔,成為世界的新高度,從此也成為了代表東京的新地標。除了晴空塔本身之外,這裡更有三百多間店舖與多樣美食、娛樂,是近期最受注目的嶄新歡樂地。

人形町駅

位於日本橋區域內的人形町,江戶時代是人形師(偶戲師)聚居的庶民歡樂街,現在街坊依舊古樸,留下來的庶民小吃名店也不少,這裡也是日劇《新參者》的拍攝場景地。

とうふの双葉
相傳四代的雙葉創業於明治40年是甘酒橫丁上的傳統豆腐老舖,除了豆腐製品外,豆腐做的甜甜圈、布丁等也深受歡迎。2樓還可享用風味獨具的豆腐料理,比起京都的湯豆腐,雙葉的豆腐料理顯得樸實且有媽媽的味道。

Stop by Stop 零殘念精華路線推薦

達人帶你玩淺草線

人形町駅
1 水天宮
建議參觀時間:30分鐘
水天宮裡終日香火鼎盛,來到這裡參拜的婦女們大部份都是來求子、祈禱安產的,每逢戌日的時候,甚至會有多達千人的婦女們來此參拜。

人形町駅
2 玉ひで
建議參觀時間:60~90分鐘
用高級東京軍雞做成的親子丼香味撲鼻,蛋汁滑順、雞肉緊緻鮮嫩,滋味濃郁甘美,只限中午供應,所以每到正午門外總是大排長龍,午餐就來嚐嚐這道人氣美味吧!

人形町駅
3 柳屋
建議參觀時間:20分鐘
創業於大正5年(1916年)的鯛魚燒老舖,香濃飽滿的內餡採用北海道產的紅豆,當天製作保證新鮮。

淺草駅
4 合羽橋道具街
建議參觀時間:60~120分鐘
食品用具批發天堂合羽橋道具街,專賣和洋的餐具、食器、鍋碗瓢盆,雖然整體環境不如雜貨屋可愛,但仔細挑選就會發現其實每一家店都有自己的特色,重點是單價都比外頭商店便宜2~3成,推薦熱愛下廚的你一定要來逛逛!

押上駅
5 TOKYO Solamachi
建議參觀時間:90~150分鐘
這裡囊括東京的定番傳統與最新流行,除了購物還集結了美食街、餐廳及在地銘菓,超過300間店舖一次逛到心滿意足,逛累了也有多樣美食可供選擇。

押上駅
6 晴空塔展望台
建議參觀時間:60分鐘
結合未來感與傳統建築意識的晴空塔,在原本相對寂靜的下町地區卓然而立,晚上就到這東京制高點欣賞夜景。

人形町駅
にんぎょうちょうえき/Ningyocho Station

柳屋的鯛魚燒可説是甘酒橫丁上的招牌點心。

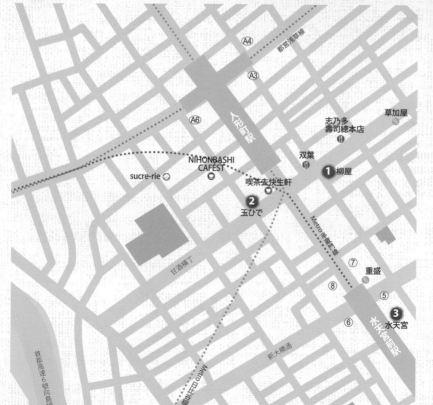

A4 都営浅草線
A3
A6
志乃多壽司總本店
草加屋
雙葉
NIHONBASHI CAFE ST
sucre-rie
喫茶去挾生軒
① 柳屋
② 玉ひで
Metro半蔵門線
⑦ 重盛
⑧
⑤
⑥
③ 水天宮
水天宮前站
Metro四日市線
甘酒橫丁
新大橋通
首都高速6號向島線

① 柳屋

不吃會後悔的香酥鯛魚燒！

☎ 03-3666-9901

中央區日本橋人形町2-11-3　⏱ 12:30~18:00　休週日、週一　⑤ 鯛焼き(鯛魚燒)¥180(1個)

達人力推

　柳屋創業於大正5年(1916)，每天還沒開店就已排滿了人潮，只見職人熟練的反覆翻烤著鯛魚燒的烤模，香噴噴的鯛魚燒就藏在一個個模具裡。為了不讓薄脆外皮的水分流失，職人特別用強火來烤，要不被燒焦可是要靠職人累積多年的經驗；**香濃飽滿的內餡採用北海道產的紅豆，當天製作保證新鮮。**

軍雞料理專門店玉ひで，至今已有250多年的歷史。

人形町知名排隊美食。

❷ 玉ひで

☎03-3668-7651　◎中央區日本橋人形町1-17-10　◎午間套餐11:45~14:30，晚間套餐：17:30~22:00(L.O.21:00)，週日只有中午營業　◎親子丼￥1,500~3,000　❶人形町本店因建築物整修預計暫停營業至2024年秋季，期間可在人形町站日比谷線A2出口的外帶專門店購買，營業時間為11:00~15:00、16:00~19:00

達人力推

　　玉ひで是一家軍雞料理的專門店，寶曆十年(1760)玉ひで的先祖山田鐵右衛門在德川幕府的將軍家擔任「御鷹匠」的職務，為將軍御膳準備雞肉料理。**玉ひで廣受歡迎的親子丼是第五代傳人的妻子所發明**，親子丼只限中午供應，所以每到正午門外總是大排長龍，想品嚐的話最好提前過來排隊，才不會等太久。

　Map
　Web

境內最有名的便是「子宝犬」，據說待產的媽媽只要摸摸自己的生肖(干支)就能平安順產。

❸ 水天宮

☎03-3666-7195　◎中央區日本橋蛎殻町2-4-1　◎7:00~18:00

　　水天宮裡終日香火鼎盛，來到這裡參拜的婦女們大部分都

　Map
　Web

是**來求子、祈禱安產**，每逢戌日的時候，甚至會有多達千人的婦女們來此參拜，將水天宮內外擠得水洩不通。

135

蔵前駅
くらまええき/
Kuramae Station

從封面、內頁、扣環、綁帶到裝訂方式，打造專屬於自己的筆記本。

② Kakimori
カキモリ

☎050-1744-8546 📍台東區三筋1-6-2 🕐12:00~18:00，週末 11:00~18:00 🈺週一(遇假日不休)

親手感受文具與筆記本的新靈魂。

達人力推

原為文具批發商的店主，感受到在現今的數位化時代，書寫這件事變得越發重要，因為字跡無法像電腦軟體輕易刪除覆蓋，而開始佈置Kakimori。牆上展示的鋼筆，從總裁級的精品到能夠輕鬆入手的入門款，**店內的商品也並不侷限於精美的設計師文具，美觀之外還加入實用性考量。**

Map　Web

① MIRROR
ミラー

☎03-5820-8280 📍台東區蔵前 2-15-5 🕐店家營業時間各異

老建築新靈魂，品味東京下町獨有的文化底蘊。

最美夜景

位於隅田川旁蔵前的 MIRROR 前身為舊樂器倉庫，**除了象徵鏡子可以反射此區自江戶時期以來深具文化歷史的一面，同時也代表新文化、藝術與人的加入，重新投射出不一樣的全新樣貌。**而 MIRROR 的日文發音很像「來看看、來感受」的意思，以此作為媒介，希望能吸引更多人來認識東東京的魅力。

Map　Web

店內飲食以烘培小點為主，各式餅乾、甜點走大人味的優雅風格。

③ CAMERA

☎03-5825-4170 📍台東區蔵前4-21-8 🕐11:00~17:00，週末10:00~18:00 🈺週一 💲飲料¥300起，手工餅乾(2片)¥250起

Map　Web

CAMERA取自拉丁語的語意是「小房間」的意思，這個位在優雅國際通り街角的店，裡面**包含手作設計皮革店 numeri以及手作烘培 CAMERA BAKE，兩家店的複合營運模式，**皆以國產天然材料、職人手作概念，各自展現洗練風格外，組合一起又風格完全契合，是家舒適感高讓人可以好好放鬆的地方。

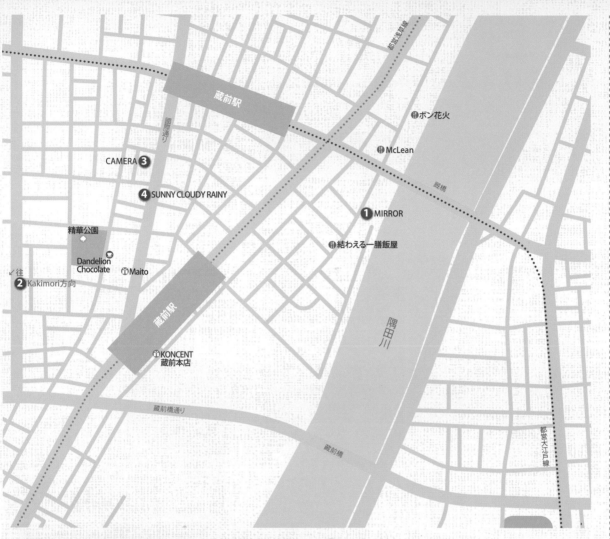

蔵前駅

ボン花火

McLean

CAMERA ❸

❹ SUNNY CLOUDY RAINY

厩橋

❶ MIRROR

精華公園

Dandelion
Chocolate

Maito

結わえる一膳飯屋

↙往
❷ Kakimori方向

蔵前駅

隅田川

KONCENT
蔵前本店

蔵前橋通り

蔵前橋

都営大江戸線

❹ SUNNY CLOUDY RAINY

☎03-6240-9779　⌂台東區蔵前4-20-8 2F　🕐12:00~18:00

🛌週一、週二

Map

Web

位於安靜的街角2樓，充滿舒適與空氣感的優雅店內，兩邊牆面的大片玻璃帶來每天氣候變化的日常。

就像店名無論晴天、陰天或雨天，透過每日不同穿搭變化，也是一種生活樂趣。**以雜貨感風格強烈但又增加一些設計感元素的選物店**，從衣服、配件到飾品，這裡可以找到很多令人優雅升級的好物。

押上駅
おしあげえき/Oshiage Station

自下町區拔地而起的高塔，在設計上蘊含著和風情調。

❶ 東京晴空塔城
Tokyo Sky Tree Town

東京必造訪的TOP 1景點！

達人力推

🏠 墨田區押上1-1-2 　🕐 展望台10:00~21:00，TOKYO Solamachi10:00~21:00(一部分設施時間不一樣)

　標高634公尺的自立式電波塔「東京晴空塔」取代東京鐵塔，成為世界的新高度，也成為代表東京的人氣地標，於2023年邁入第11週年。起初規畫興建時曾開放民眾投票命名，最後以「SKY TREE」的開放性概念勝出，成為現在「TOKYO SKYTREE TOWN」的構想；**除了晴空塔本身展望台之外，這裡更有三百多間店鋪與美食聚集、包含天文台、高空夜景餐廳等多重娛樂，**是旅人到東京必朝聖的定番景點。

Map

Web

❷ 墨田水族館

☎ 03-5619-1821　🏠 Solamachi 5F、6F ⬇
10:00~20:00，週末例假日9:00~21:00 💴門票大人￥2,500，高中生￥1,800，國中小學生￥1,200，3歲以上￥800

　城市裡的巨大水槽讓人彷彿走入海底世界，與石斑魚、沙丁魚、魔鬼魚等共生在海中悠游。除了**以人工海水建造適合生物的舒適環境之外，這裡也擁有日本最大規模的室內開放式水槽，**可以與企鵝、海狗等小動物近距離接觸。

Map

Web

© すみだ水族館

以深藍光線營造幽暗氣氛，水母透著光，是大人小孩都愛的人氣區域。

© すみだ水族館

© すみだ水族館

隅田川

こぐま

言問団子

言問小学校

長命寺桜もち

桜茶や

カド

曳舟駅

東武亀戸線

三国神社

墨田中学校

小梅小学校

都立本所高校

郷土文化資料館

森鷗外舊居跡

曳舟川通

京成押上線

牛島神社

浅草駅

隅田川

隅田公園

TOKYO
Solamachi

3 Konica Minolta
Planetarium天空

2 墨田水族館

東武スカイツリー（伊勢崎線）

伊藤正三美術館

とうきょう
イスカツリー駅

1

押上駅

Smile Kitchen

墨田區役所

北十間川

墨堤通

三ツ目通

本所吾妻橋駅

都営浅草線

かみむら

前田商店

おじなりくんの家（觀光案內所）

みりん堂

押上天祖神社

京成押上線

Metro半蔵門線

東京晴空塔

吾妻橋

十間橋

3 Konica Minolta Planetarium天空

☎03-5610-3043　🏠Solamachi East Yard 7F

🕐10:30~22:00，週末例假日9:30~22:00，每整點上映　💲Planetarium作品一般席¥1,900

Map

Web

在城市裡仰望滿天星斗不是夢！結合最新立體音響、投影裝置與舒適座椅，Konica Minolta Planetarium天空在東京打造了夢幻的奇跡星空劇場。**強調漆黑夜空中繁亮的星，配合動人的音樂與劇情**，每天輪番上演2至3個劇目，讓人動心。

舒適的三日月席（特等席）可坐兩人，想與情人來場浪漫的星空之旅，記得先預訂！

©Konica Minolta Planetarium天空

押上駅
おしあげえき/
Oshiage Station

❶ いちや

☎03-6456-1839　🏠墨田區向島1-2-7　🕙10:00~18:00　休週二

「賞味期限當天」的超人氣和式甜點店。

達人力推

不管什麼時候，店門口總是大排長龍，隅田公園旁高架橋下這家白色調的和菓子店「いちや」，可説是深受淺草下町居民愛戴的新參者。**其魅力就在他們家「大福」，吃了一口就讓人停不下來！纖細而綿密的口感再加上打破傳統印象，甜度適中的內餡，「賞味期限只有當天」的鮮度更教人為之讚嘆。**除了定番豆大福、人氣度相當高的杏大福以外，季節限定水果口味也非常推！銅鑼燒也是必買商品之一。如果有時間的話，店內用餐是個不錯的選擇。

❷ 言問團子

☎03-3622-0081　🏠墨田區向島5-5-22　🕙9:00~17:00　休週二　💲言問団子召上り(店內享用，糰子三色組)¥780

三色傳統糰子新鮮又有趣。

達人力推

創業於江戶末期的言問糰子至今已有160多年的歷史，**招牌紅白黃三色糰子也代表了三種口味：紅豆餡、白豆沙餡、味噌餡**，各有愛好者，但要論罕見，當屬味噌餡的黃糰子了。紅白兩色的糰子皆由豆沙包著麻糬，而黃糰子則由梔子染黃的麻糬包著味噌餡，絕妙鹹度配上麻糬的香甜，值得一試。

❸ みりん堂

印有晴空塔的日式煎餅，是店內的人氣商品。

☎03-3621-2151　🏠墨田區業平1-13-7　🕙9:30~18:00，週日~17:00　休週一、不定休　💲デザインせんべい(圖案煎餅)¥130起

走在晴空塔附近，如果在路上想來點小食，**有90年歷史的煎餅店みりん堂是不錯的選擇**。晴空塔開幕時順勢推出繪有可愛晴空塔的傳統日式煎餅，十分受歡迎，木色小店裡一枚枚散發著濃濃醬油香氣的煎餅，可都是由職人親手燒烤而成。

隅田川

④ こぐま

言問小学校

② 言問団子

長命寺桜もち

曳舟駅

桜茶や

カド

三国神社

小梅小学校

墨田中学校

都立本所高校

郷土文化資料館

森鷗外舊居跡

牛島神社

浅草駅

隅田川

隅田公園

TOKYO Solamachi

① いちや

とうきょう
スカイツリー駅

伊藤正三美術館

Smile Kitchen

押上駅

墨田区役所

北十間川

吾妻橋

東京晴空塔

押上駅

かみむら

前田商店

本所吾妻橋駅

都営浅草線

③ みりん堂

おじなりくんの家(觀光案內所)

押上天祖神社

④ 鳩の街通り商店街

🏠墨田區東向島5丁目

Map

　從曳舟車站沿著水戶街道西行，走沒多久，就會遇到鳩の街通り商店街。拐個彎，從車水馬龍的大道上穿入了粉紅色拱門，彷彿進入了另一個恬靜的世界；**經過商店街的再生計劃，現在這裡不只保有逃過戰火的長屋建築，更有由老屋改建而成的咖啡廳、廢棄舊公寓新生的商店街直營商店等**，隱藏版的下町散步就濃縮在這裡。

都営大江戸線
Oedo Line

Data
起訖點：光が丘~都庁前
通車年份：2000年全線開通
車站數：38站
總長度：40.7km

平成12年12月12日開通的都營大江戶線，其38個車站中有21個是連接其他路線，把東京都內其他分散的地鐵、私鐵整合起來，在東京市內形成一個環狀，堪稱為東京都內的小山手線，而在轉車的便利性上更是為人所稱道。其實我們可以藉由大江戶線好好地暢遊東京灣與隅田川地帶。也許購物與追趕流行已經佔掉大半時間，但搭大江戶的列車來瞧瞧隅田川與東京灣，也許會發現更不一樣的東京。

Stop by Stop零殘念精華路線推薦
達人帶你玩大江戶線

飯田橋駅
1 赤城神社
建議參觀時間：30分鐘
在主殿旁有一個保佑學生考試合格的螢雪天神十分靈驗，使這裡也成為新的合格祈願新名所。

月島駅
2 おしお 和店
建議參觀時間：40~60分鐘
おしお屬於月島的元老級店，其中以和(nagomi)分店特別受到年輕女性歡迎。招牌的什錦文字燒「五目」，加入豬肉、蝦子、章魚、花枝、炒麵，可品味到五種不同的口感，是來此必點的菜單。

都庁前駅

都廳前駅就位在東京都廳大樓的地下室，從車站一出去就可以看到新宿西口著名的摩天大樓景象。如果不論新宿駅往光が丘駅這段路線，大江戶線也是呈環狀運行，但事實上其發車卻不是以環狀循環線來發車，而是以都廳前駅為樞紐，分成「六本木、大門」、「飯田橋、兩國」與「光が丘」三個方向發車。

東京都廳展望台
想要免費欣賞東京夜景就一定要來一趟202公尺高的東京都廳展望室，在展望台上俯視東京市街，天氣晴朗時還可眺望富士山美景。

赤羽橋駅

赤羽橋駅離芝公園、增上寺等著名景點十分近，從赤羽橋出口出來後走路就能到達，不只如此，其還是最接近東京鐵塔的一個車站。赤羽橋駅的月台牆上有別於其他月台，貼上了許多四角形的玻璃，折射出炫麗的光輝，為這簡單的小車站增添了更多色彩。

芝公園
包圍著東京鐵塔的芝公園是日本最古老的公園之一，公園綠地圍繞著增上寺，佔地面積廣大，園中部份樹木從增上寺的時代生長至今，高大優美，有時間可以來段林間散步。

光が丘
練馬春日町
E36 西武豊島　豊島園
練馬　E35 西武池袋　西武有樂町　西武豊島
落合南長崎
新江古田
中井　E32 西武新宿
中野　E31 JR中總
東新宿　F12 E02　若松河田　牛込神楽坂　牛込柳町
新宿西口　E01
P.48-53
中野坂上　M06 E30
西新宿五丁目　E28
都庁前　E27 M08 S01　JR山手 JR中央 JR中總 JR埼京 JR湘新 京王
代々木　E26 JR山手 JR中總
國立競技場
E24 Z03　青山一丁目
芝公園四丁目
P.114-117
H04 E23　六本木

E 都営大江戸線

六本木駅
▶4 東京中城
建議參觀時間：
60~150分鐘
東京中城(Tokyo Midtown)絕妙的空間構成，散發出來的是「和」的自然韻律，現代摩登與和風之美的精湛揉合，成為商業、住宅、藝術、設計的樞紐重鎮。

六本木駅
▶3 國立新美術館
建議參觀時間：
60~90分鐘
黑川紀章所設計的國立新美術館，室內超挑高的空間搭配灰色清水模的高塔設計，遠著光線的變換遞出不同層次的光影表情，整間美術館彷彿有著自己的生命般地在呼吸。

汐留駅
▶5 Caretta汐留
建議參觀時間：
60~150分鐘
Caretta汐留是汐留SIO-SITE中最受矚目的複合式大樓。其包括高層景觀餐廳、購物商場、劇場以及東京廣告博物館，地下1~2樓還有約20家精選商店與餐廳進駐，其中不乏老字號的名店。

赤羽橋駅
▶6 東京鐵塔
建議參觀時間：
30~60分鐘
東京鐵塔上150公尺的大展望台與250公尺的特別展望台，具有360度觀景視野，而成為俯瞰東京都內夜景的絕佳地點。

月島駅

月島駅有大江戶線與有樂町線2條地下鐵穿過，讓這充滿下町風情的小住宅區對外交通更加便捷。而說到月島，就不能省略下町庶民美食「文字燒」，月島可是文字燒的發源地，聚集了60餘家餐廳，能品嚐文字燒的獨特滋味。

西仲通商店街

月島的文字燒店多集中於西仲通，因此又被稱為月島文字燒街(もんじゃストリート)，沿路約有50家店舖。除了店舖聚集，月島還以「月島流」的做法出名。將所有的食材在鐵板上炒過，做成中空的甜甜圈狀後把湯汁倒入甜甜圈內，這樣的做法可是發源自月島的呢。

P.104-105
M22 N11 I12 E07　　E08 M21
後楽園　　春日　　本郷三丁目

E06 Y06 Y13 N10 JR中線
飯田橋

P.68-69

新宿

上野御徒町
E09
G15　　H16
上野広小路　　仲御徒町

P.38-43
新御徒町
E10 つくば

蔵前
E11 A17

P.136-137

両国
E12 JR中線

P.66-67

森下
E13 S11

清澄白河
E14 Z11

P.144-145

門前仲町
E15 T12

P.146-147

汐留駅

濱離宮恩賜庭園

江戶庭園濱離宮的「潮入池」引入東京灣海水，所以中間建有水閘以調整池中海水的高度，而稱為「潮入之庭」。園內花木扶疏，每年春天一到，白色的櫻花沿著池畔陸續綻放，是東京都內鬧中取靜的賞櫻去處。

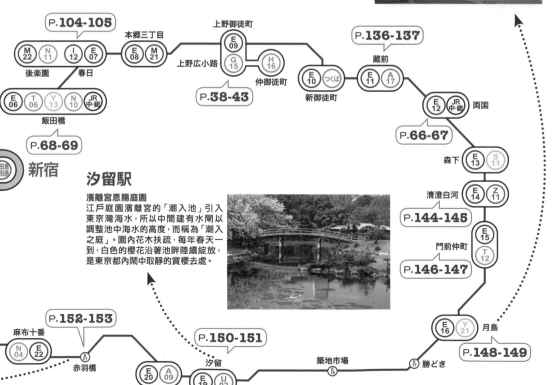

P.152-153
麻布十番
N04 E22
赤羽橋

P.150-151
汐留

E20 A09　　E19 U02
大門

築地市場

勝どき

月島
E16 Y21

P.148-149

清澄白河駅
きよすみしらかわえき/Kiyosumisirakawa Station

❶ ARiSE Coffee Roasters

☎03-3643-3601　⌂江東區平野1-13-8　🕐週二至週日10:00~17:00　🚫週一

熱鬧的咖啡因補給站。

達人力推

擁有山下コーヒー的十年烘焙資歷、在烘焙所The Cream of Crop Coffee協助創建製程的林大樹，於2013年開設的**「ARiSE Coffee Roaster」，販售自家烘焙的咖啡豆及手沖濾滴式咖啡**，供應巴西布丁、法式長棍三明治和糕點，並推介在地的藝文活動和手工雜貨。

由店主精選的北歐雜貨，會隨季節有不同選物。

Map

Web

❷ onnellien

☎03-6458-5477　⌂江東區白河1-1-2　🕐11:00~18:00　🚫週日、一

onnellien是芬蘭語「幸福」之意，店主精選的北歐雜貨或是餐具擺滿整個空間，也會配合季節替換商品，每次來都會有不同感受。**常見的雜貨類型有器皿、手作包、衣服、布製品等**，在角落也可以看到毛線專區。而店內不定期會舉行與生活雜貨相關的特展，以搭配的方式提供新的生活方案給顧客。

Map

Web

東京都內體驗日式庭園風情的好去處。

日式庭石造景與假山，構成庭園裡恬靜的日式風情。辦釜山國際電影節的「BIFF廣場」。

④ 清澄庭園

☎03-3641-5892 📍江東區清澄3-3-9 🕐9:00~17:00(最終入園16:30) 🚫12/29~1/1 💰大人¥150，65歲以上¥70，小學生以下免費

明治時期三菱集團的創始者岩崎彌太郎以迎賓、社員休閒為目的建立此庭園，1880年竣工，命名為深川親睦園。後代的社長則將水池引進隅田川水，大以改造，形成現在看到廣大的回遊式林泉庭園。清澄庭園中心是座大池子，周圍巨木環繞，令人不敢置信的是，在東京市區內竟然還能看到野鳥，**是東京都內許多人休閒、賞鳥的名所**。這裡也是東京賞櫻花的名所，冬季不定期舉行夜間點燈活動。

Map / Web

❸ Blue Bottle Coffee清澄白河旗艦店

📍江東區平野1-4-8 🕐8:00~19:00 💰カフェラテ(拿鐵)¥778

Blue Bottle Coffee發源自加州奧克蘭，2015年二月於**日本開設第一間海外分店**。館內劃分烘焙所和咖啡館兩區，烘焙完成，即在吧檯由咖啡師為點單的顧客現場手沖。Blue Bottle在當日咖啡表單上也詳細註明咖啡豆品種、原產地和風味，可選擇單品或綜合咖啡，也有不同沖泡方式可以選擇。

Map / Web

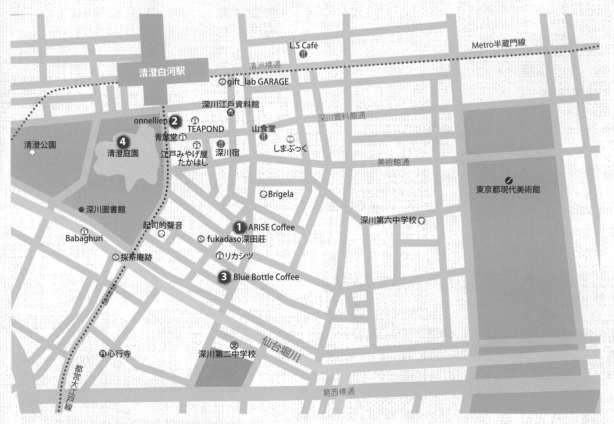

145

門前仲町駅
もんぜんなかちょうえき/Monzennakacho Station

1 甘味処 いり江

種類超多的美味日式甜品！

☎03-3643-1760 ⊙江東區門前仲町2-6-6 ▽
11:00~18:30(L.O. 18:00) ⊗週三，但若遇到深川不
動堂的緣日(1、15、28日)與例假日則營業 ⊙白玉ク
リームあんみつ(冰淇淋白玉餡蜜)¥1,040

達人
力推

昭和初期專門製作、販賣寒天、
蒟蒻的いり江，於昭和45年(1970)開
設這間甘味處，現在店裡使用的寒天
仍是在二樓的工房以手工製作。這一
塊塊**以傳統制法製作的透明寒天
嚐來彈力與香氣十足，加入久煮的
香甜紅豆嚐起來層次分明又清爽**，喜
歡甜點的人一定要來嚐嚐。

Map

Web

2 深川不動堂

☎03-3641-8288 ⊙江東區富岡
1-17-13 ◷8:00~18:00；內佛殿參
拜：1樓、2樓9:00~17:45；4樓
9:00~17:00

已有310年以上歷史的深川
不動堂其實是千葉縣成田山
新勝寺的別
院，1703年便開創於現址，深受地方
民眾信仰，主要祭祀不動明王，**境內最
有名的活動便是護摩祈禱活動**，從生
意興隆到交通安全，不管什麼願望
都能幫你祈禱。另外在每月的1日也
有提供寫經活動，28日有描畫佛像的活
動，付費就能參加。

Map

Web

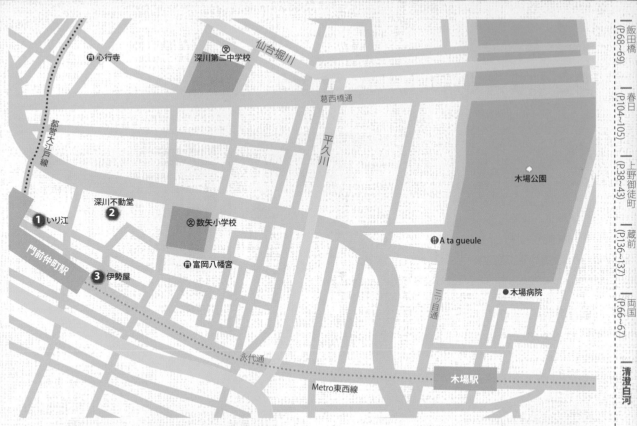

心行寺

深川第二中學校

仙台堀川

葛西橋通

平久川

都營大江戶線

木場公園

深川不動堂

2

1 いり江

数矢小学校

A ta gueule

門前仲町駅

3 伊勢屋

富岡八幡宮

木場病院

三ツ目通

永代通

木場駅

Metro東西線

3 深川伊勢屋

☎03-3641-0695 ⏎江東區富
岡1-8-12 ⏰8:30~20:00
💲燒団子(烤糰子)¥
150，深川ちよこ(巧克
力和菓子)6入¥680

深川ちよこ是用求
肥(麻糬的一種)包住生
巧克力，嚐來香軟甘
甜十分好吃。

明治40年(1907)創
業的伊勢屋就位在深川
不動堂前的參道入口，**和風濃
厚烤糰子、鹽大福等都是這裡的名物**，許
多人來不動堂參拜後都會買一些回去當伴
手禮。近年來伊勢屋將西洋菓子素材融入和
菓子做法，推出了深
川ちよこ，另外也
有推出抹茶口味
的深川まちこ，也是
十分推薦一品。

Map

Web

月島駅
つきしまえき/Tsukisima Station

❶ 鳥秀

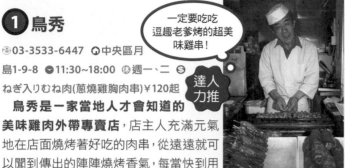

☎03-3533-6447 ⌂中央區月島1-9-8 ⏰11:30~18:00 ㊡週一、二 ⑤

一定要吃吃逗趣老爹烤的超美味雞串！

達人力推

ねぎ入りむね肉(蔥燒雞胸肉串)¥120起

鳥秀是一家當地人才會知道的美味雞肉外帶專賣店,店主人充滿元氣地在店面燒烤著好吃的肉串,從遠遠就可以聞到傳出的陣陣燒烤香氣,每當快到用餐時間,絕對得要排隊才能買得到;只用鹽烤的雞翅外酥內嫩,再灑上辛香適宜的七味粉,是主婦們最推薦的滿足好滋味,而醬燒則是香氣撲來,吃過的都說讚!

Map

西仲通商店街

月島的文字燒店多集中於西仲通,因此又被稱為月島文字燒街(もんじゃストリート),沿路約有50家店舖。除了店舖聚集,還以「月島流」的做法出名。將所有的食材在鐵板上炒過,做成中空的甜甜圈狀後把湯汁倒入甜甜圈內,這樣的做法可是發源自月島的呢。

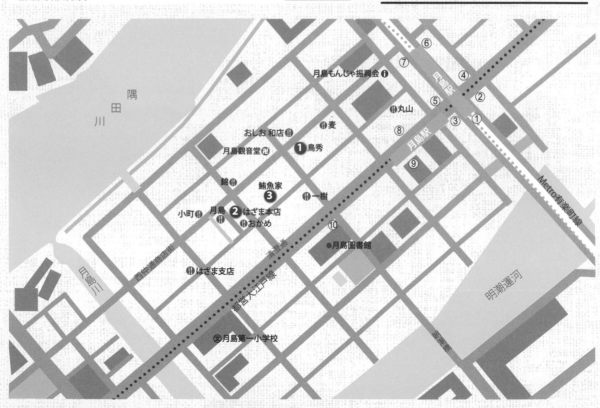

月島もんじゃ振興会 ❶

⑥ ⑦ ④
⑤ ②
丸山 月島駅 ③ ①
おしお 和店 麦
月島觀音堂卍 ❶鳥秀 ⑧ ⑨
錦 鮪魚家 ❸ 一樹
小町 月島 ❷ はざま本店 ⑩
おかめ
●月島圖書館
西仲通商店街
はざま支店
都營大江戶線
清澄通
Metro有楽町線
隅田川
月島川
明潮運河
駅前線
⊛月島第一小学校

餐後甜點熱熱吃起來有種古老的懷念滋味。

鐵板甜食也超級推！

2 はざま

📞 03-3534-1279　📍 中央區月島3-17-8

17:00~22:00，週末11:00~22:00　🈺週一、週二

達人力推

處在文字燒的激戰區，はざま的位置並不在大馬路旁，而是隱身在小巷子之中，但即便如此，老字號招牌與樸實的口味，仍是吸引許多老饕慕名前來。**來這裡享用文字燒時不只品嚐麵糊，可別忘了把鐵板上的焦皮也鏟起來吃**，這可是老闆娘推薦的美味秘訣哦！除了文字燒料理，餐後甜點用鐵板煎出餅皮，再放入紅豆餡，油味引出麵皮的焦香，讓人欲罷不能。

Map

將鮪魚入菜，更增添海洋的新鮮味。

Map

Web

3 鮪魚家

📞 050-5485-6528　📍 中央區月島3-7-4

11:30~23:00(L.O.22:15)　🍴まぐろもんじゃ(鮪魚文字燒)¥1,050、坂井スペシャル(坂井特製文字燒)¥1,550

達人力推

鮪魚家避開熱鬧的文字燒街道，**以肥美有料的鮪魚文字燒吸引顧客上門**。老闆最自豪的鮪魚文字燒，醬料上放滿艷紅鮪魚，下鍋用高溫鎖住肉汁，獨特的鮮魚香味和文字燒的醬油味彼此交融，在鐵板上煎得表皮焦脆，光聞到那濃香就教人口水直流。

汐留駅
しおどめえき/Shiodome Station

館內除展示鐵道相關文物外還有餐廳，是日本鐵道迷的交流空間。

① 舊新橋停車場鐵道歷史展示室

鐵道迷必遊！在日本火車發祥地感受鐵道日和。

☎03-3572-1872 ⚲港區東新橋1-5-3 ◷10:00~17:00(入館~16:45)
⚑週一(遇假日順延)、12/29~1/3 ⊙免費

新橋為日本火車的發祥地，鐵道歷史展示室所在地「舊新橋停車場」是昔日新橋車站的舊址，為1872年時日本最早開通營業(新橋~橫濱之間)的車站，如今變身為鐵道歷史展示館，讓現代人也可體驗當時的車站風景。

達人力推

 Map
 Web

東京冬季裡最美的一道夜間美景，絢爛的燈光像是幻想中的海世界！

② Caretta汐留
カレッタ汐留

☎03-6218-2100 ⚲港區東新橋1-8-2 ◷依設施而異

 Map
 Web

Caretta汐留包括46~47樓的高層景觀餐廳，購物商場、電通四季劇場「海」，以及東京廣告博物館。
如果吃不起高層美景餐廳，地下1~2樓還有約20家精選商店與餐廳進駐，其中不乏老字號的名店。

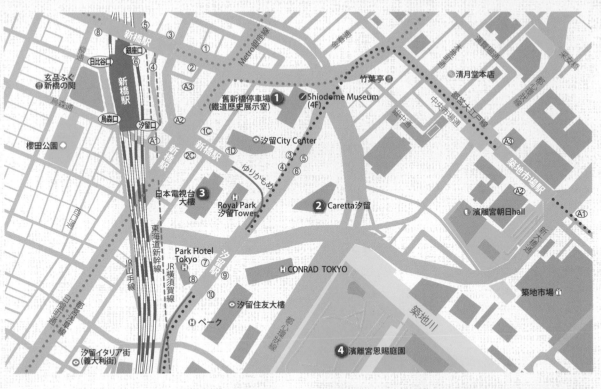

地圖標示：
新橋駅　銀座口　日比谷口　汐留口　烏森口
玄品ふぐ 新橋の関　新橋の関
烏森通
櫻田公園
玄品ふぐ
舊新橋停車場（鐵道歷史展示室）　①
Shiodome Museum (4F)
竹葉亭　清月堂本店
汐留City Center
日本電視台大樓 ③
Royal Park 汐留Tower
ゆりかもめ
② Caretta汐留
濱離宮朝日hall
Park Hotel Tokyo　⑦
CONRAD TOKYO
汐留住友大樓
ペーク
汐留イタリア街（義大利街）
④ 濱離宮恩賜庭園
築地市場駅
築地川
築地市場
新橋駅　JR山手線　JR横須賀線　東海道新幹線

③ 日本電視台大樓

日テレタワー

☎03-6215-4444(觀眾服務專線) ◎港區東新橋1-6-1

Map

　日本人氣電視頻道「日本電視台」也在汐留搶下一席，**作為日本電視的最新發祥地，除了最先進的攝影棚及電視製作小組的辦公室外**，在樓下的露天廣場上還有數家露天咖啡廳、**日本電視紀念品店、餐廳**，和超人氣的汐留拉麵店等。

④ 濱離宮恩賜庭園

☎03-3541-0200 ◎中央區浜離宮庭園1-1 ◕9:00~17:00(入園~16:30) ◷12/29~1/1 ⑤大人¥300，65歲以上¥150，小學生以下免費

Map

　江戶庭園濱離宮的「潮入池」引入東京灣海水，所以中間建有水閘以調整池中海水的高度，而稱為「潮入之庭」。**園內花木扶疏，春天一到白色的櫻花沿著池畔陸續綻放，將濱離宮妝點成一片絢麗的花海，是東京都內鬧中取靜的賞櫻去處。**

赤羽橋駅

あかばねばしえき/
Akabanebashi Station

> 設施內可以發現許多愛心的小設計，據說找到愈多就能得到愈多幸福！

① 東京鐵塔

Tokyo Tower

☎03-3433-5111 ◎港區芝公園4-2-8 ●展望台9:00~22:30(入場至22:00) ⑤大展望台大人￥1,200，高中生￥1,000，中小學生￥700，4歲以上小孩￥500；大展望台+頂樓展望台聯票大人￥2,800、高中生￥2,600、中小學生￥1,800、4歲以上小孩￥1,200 ❶頂樓展望台皆須搭配導覽時間依序入場

> 一抹最經典的東京橘紅風景～

達人力推

位於芝公園附近的東京鐵塔，建於1958年，標高333公尺，本來最初設立的目的是擔負東京多家電視台、電台的電波發射重任，**於塔上150公尺的大展望台與250公尺的特別展望台，具有360度觀景視野**，而成為俯瞰東京市容的絕佳地點。

② 芝公園

☎03-3431-4359 ◎港區芝公園1~4丁目 ●自由參觀

芝公園綠地圍繞著增上寺，占地面積廣大，受到後來的道路分割，幾乎無法讓人劃清公園的實際界線。園中部分樹木從增上寺的時代生長至今，高大優美，秋日也有紅葉可賞，其他分散園內的景點如芝丸山古墳、古墳小丘附近的古老梅園「銀世界」和**山丘上200餘株櫻花等也小有可觀之處，有時間可以來段林間散步。**

> 包圍著東京鐵塔的芝公園是日本最古老的公園之一。

③ 增上寺

☎03-3432-1431　⊙港區芝公園
4-7-35　⊙本堂6:00~17:30

> 跨年時更是東京人初詣的寺廟首選。

達人力推

增上寺代表的是江戶時代德川幕府的輝煌歷史。德川家康大軍一進駐江戶(東京一帶)就立刻拜增上寺12代住持為師，每逢戰役告捷，一定花大錢整修，數年累積下來，**增上寺占地20萬坪成為關東地區佛教宣揚的中心**，可惜在明治時代廢佛運動中，大部分的寺院都被燒毀，德川家的靈廟當然也難逃一劫，只有入口處的木造大樓門「三解脫門」，殘存江戶時代輝煌的影子。

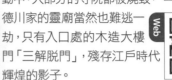

Map

Web

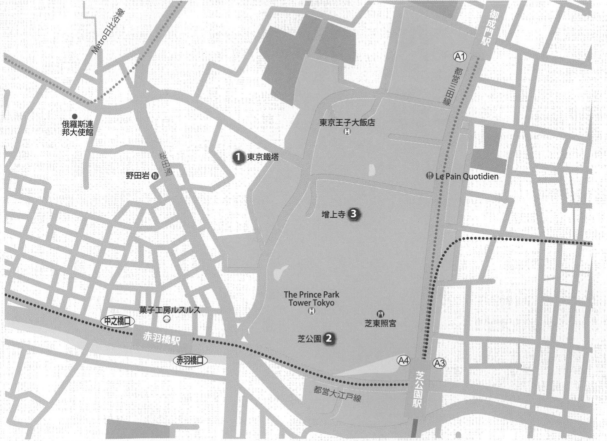

Metro日比谷線
御成門駅
A1
俄羅斯聯邦大使館
東京王子大飯店 H
桜田通
都営三田線
野田岩 ⑪
① 東京鐵塔
🍴 Le Pain Quotidien
增上寺 ③
中之橋口
菓子工房ルスルス
The Prince Park Tower Tokyo H
F 芝東照宮
赤羽橋駅
芝公園 ②
A4 A3
赤羽橋口
芝公園駅
都営大江戸線

東急東横線
Toyoko Line

Data
起訖點：渋谷~横浜
通車年份：1964年全線開通
車站數：21站
總長度：24.2km

東急東橫線來往於東京與橫濱之間，連接了兩個走在流行尖端的地區——澀谷與港區未來21，再加上其行經代官山、自由之丘、田園調布等，都是屬於高級住宅區域，也難怪有日本媒體曾報導說，要看東京打扮最入時的時尚一族，搭乘東急東橫線坐一圈準沒錯。

自由が丘駅

自由之丘是一個洋溢歐風的郊區小鎮，這裡感受不到東京市區的壓迫與繁忙，取而代之的是溫柔灑下的金黃色陽光，還有閒適愉快的氣息。自由之丘聚集許多強調生活風格、溫馨可愛的雜貨店；童裝、玩具店也很多，常可見到親子消磨一下午的歡樂畫面；另外甜點名店更是來到自由之丘不能不嚐的美味；商家們還刻意營造街區的優雅氣氛，讓遊逛休閒風雅的自由之丘成了時尚的生活情趣。

代官山駅

代官山其實是由駒澤通、舊山手通與八幡通三條大馬路所圍成的住宅區，因為這裡有許多外國大使館聚集，讓這裡的氣氛既優雅又帶有淡淡休閒歐風，漸漸地露天咖啡座愈開愈多，精品名店、個性小舖、美食名廚餐廳等在此區蔚為風尚，街上也常可見打扮時尚的男女，或者人們牽著寵物、推嬰兒車的悠閒畫面。商店大多走簡單精緻服飾路線，而城堡小路一帶則以二手衣店、雜貨屋和平價流行服飾店居多。要注意的是，從澀谷駅到代官山駅的車只能搭普通車（各停），因為代官山駅不停急行車。

熊野神社
隱藏在住宅區之中的熊野神社是自由之丘居民的信仰中心，只要遇到人生重要大事，例如成年禮、生產、結婚、考試等，都會來此參拜一番。對於遊客們來說，收集這兒象徵旅途平安回家的可愛青蛙御守當然是最重要的囉！

Mont St. Clair
糕點師傅辻口博啟所提案的蛋糕店，開店之後一直是自由之丘最受歡迎的甜點店之一。店內的甜點種類維持在150種以上，還常使用當季新鮮水果做出創意新品。

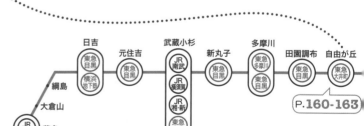

P.160-163

代官山Address Dixsept

代官山Address Dixsept在八幡通馬路交叉口的那顆大型綠色幸運草雕塑，儼然已成代官山街景的招牌，底下的超級市場推薦一逛，因為代官山住有很多外國人，所以來自海內外的高級食材和相關雜貨十分齊全。

P.58-61

渋谷

F 16 | JR 山手 | JR 埼京 | JR 湘·新 | 東急田都 | 京王井頭

代官山

祐天寺

学芸大学

都立大学

中目黒

H 01

P.156-159

P.108-111

Stop by Stop零殘念精華路線推薦
達人帶你玩東急東橫線

渋谷駅
1 渋谷Hikarie
建議參觀時間：60~120分鐘
渋谷Hikarie內集結辦公室、文化設施與商業設施於一體，是渋谷最新最強的複合商業大樓。地下3樓至地上5樓為東急百貨店經營的ShinQs，美食、美容、流行、雜貨應有盡有，近200間店舖一次逛個過癮。

代官山駅
2 蔦屋書店
建議參觀時間：60~90分鐘
分別以三棟建物組成的蔦屋書店，就是在日本各大城鎮中可見的TSUTAYA的生活概念旗艦店，店內收藏約15萬冊以上的圖書，還有電影相關影片、出租DVD及旅遊圖書專區。

代官山駅
3 LOG ROAD DAIKANYAMA
建議參觀時間：60~90分鐘
2015年開幕的複合式商業設施，利用東橫線地下化所留下了路面鐵道空間建造，進駐了餐酒館Spring Valley Brewery，咖啡廳Garden House Crafts、SNS Cafe Tokyo等，成為代官山最新聚會場所。

中目黒駅
4 1LDK apartments.
建議參觀時間：60~90分鐘
1LDK是日本知名的生活精選品牌，1LDK apartments.以公寓為意象，分為三大塊，Taste and Sense咖啡廳以街道邊的小食堂為概念，雜貨EditeD / Found STORE將生活中可以用到的、想要用到的商品以精選的方式呈現，以女性流行服飾為主的1LDK me.優質衣料以簡單剪裁呈現悠閒感，而從不同品牌選進的配件相互搭配也讓人感受到清新風格。

自由が丘駅
5 patisserie Paris S'eveille
建議參觀時間：30~50分鐘
甜點大師金子美明赴法研修傳統法國甜點，歸國後便在自由之丘開設了patisserie Paris S'eveille，首次來訪的人推薦可點帶著香橙風味的巧克力蛋糕Monsieur Arnaud，或是有無花果與香橙搭配的酸甜蛋糕フィグ オランジュ(Fig Orange)，巧克力與水果形成的絕妙滋味，保證讓人欲罷不能。

自由が丘駅
6 katakana自由が丘店
建議參觀時間：20~50分鐘
katakana (日文的片假名之意)白牆木質地板的14坪空間規劃簡單樸實，架上擺滿了日本全國各地的日常雜貨、食器、文具與生活小物，落花生星人、木芥子、富士山造型生活用品、和風手巾各色結合日本當地特色或傳統工藝的小物齊聚一堂。

代官山駅
だいかんやまえき/ Daikanyama Station

> 露臺公共空間提供綠意圍繞舒適氛圍，一覽代官山安靜街景。

① 樫山代官山

KASHIYAMA DAIKANYAMA

⌖ 渋谷區代官山町14-18　☎ 03-5784-1339　⌄
商店11:00～20:00、咖啡11:00～21:00、餐廳、酒吧17:00～24:00，藝廊依展覽而定　休 每月第一個週一

　2019年4月開幕，樫山代官山宛如數個不同形狀的寶盒般，以層疊方式矗立在代官山的坡道上。**以山丘為設計意象，集結流行、咖啡、藝廊、餐飲與酒吧，空間有著獨特的設計動線與迷人角落，**透過不規則的室內動線營造趣味，大量導入的自然光源與搭配每層樓露臺的綠意庭園。總共B1到5樓，進駐餐廳、咖啡與藝廊，2~3樓則是流行服飾與用品設計品牌集結的選物店。

Map

Web

② Allegory Home Tools

📍渋谷區惠比寿西1-32-29-102　🕐12:00~19:00
💰商品¥500起

來自世界各地的質感小物！

達人力推

　代官山區域的巷弄內總能找到許多流行與高質感的小店與咖啡館，而這間以強調生活質感的「Allegory Home Tools」，**抱持著何時何地都想使用的心情，從國內外搜集現代、復古或是知名大師製作的生活道具**，來到這裡無關實用性或是美觀，總是能找到令人愛不釋手的生活小物。

Map

Web

③ 蔦屋書店

隱藏在代官山角落的世界最美書店。

📍渋谷區猿樂町17-5　📞03-3770-2525　🕐1F
9:00~22:00，2F Share Lounge 7:00~22:00，2F商品販售、漫畫9:00~20:00

達人力推

　代官山蔦屋書店**曾於2011年被評選為全球最美的20家書店之一**，分別以三棟建物組成的蔦屋書店，其實就是在日本各大城鎮中可見的TSUTAYA的生活概念旗艦店，店內收藏約15萬冊以上的圖書，從生活必備到專業分野，全部分布在1~3館的1樓，1館的2樓有販售CD/DVD、2館的2樓則是附有咖啡輕食的閱讀空間Anjin。

Map

Web

代官山駅
だいかんやまえき / Daikanyama Station

❶ 代官山Address Dixsept

代官山アドレス·ディセ

⛩ 渋谷區代官山町17-6　🕐 1F 10:00~22:00，2~3F 11:00~20:00(依店舖而異)　🚫 1/1~2，不定休

　代官山Address Dixsept在八幡通馬路**交叉口的那顆大型綠色幸運草雕塑，儼然已成代官山街景的招牌**，底下的超級市場推薦一逛，因為代官山住有很多外國人，所以來自海內外的高級食材和相關雜貨十分齊全。

Map

❷ Restaurant Chez Lui

⛩ 渋谷區猿樂町20-15　🕐 11:30~15:00，17:30~22:00　🚫 週二　💰 午間套餐¥3,200起，晚間套餐¥6,000起

　遠離代官山主要道路的Restaurant Chez Lui擁有優雅寧靜氣息，低調的外觀讓人彷彿造訪熟悉的友人家。**建議來此享用午餐**，以超值合理的價格就能夠嚐到麵包、前菜、湯品、主菜和甜點等正統的歐式套餐。

Map

Web

渋谷 (P58~61)
代官山
中目黑 (P108~11)
自由が丘

舊鐵道改成的小聚落，成為代官山潮流聚會場所。

店內一角還有許多相關商品，都讓人愛不釋手。

この坂の上にボクのカフェがあるよ。

Map
Web

廢棄鐵道再利用，成為最美綠意空間！

達人力推

③ LOG ROAD DAIKANYAMA

🏠 渋谷區代官山町13-1　🕐 依各設施而異　⊙ 依各設施而異

2015年開幕的複合式商業設施，**利用東橫線地下化所留下了路面鐵道空間建造**，狹長型的綠意空間總占地3200平方公尺，進駐了氣氛輕鬆的餐酒館Spring Valley Brewery，咖啡廳SNS Cafe Tokyo，以及來自鎌倉的GARDEN HOUSE CRAFTS等。

Map
Web

④ MR.FRIENDLY Cafe

🏠 渋谷區惠比寿西2-18-6　☎ 03-3780-0986　⊙ 11:00~19:00
🚫 年末年始　🍴 ホットケーキ(一口鬆餅)¥352(7入)，咖啡¥506

店內最受歡迎的就是友善先生形狀的一口鬆餅，有原味與巧克力口味，買來都捨不得吃了呢！MR.FRIENDLY Cafe小小的咖啡廳著重環保，內裝與建材都使用間伐材(不把樹砍死)，且做到節能，跟友善先生一起對地球更友善。

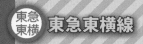
自由が丘駅
じゅうがおかえき/ Jiyugaoka Station

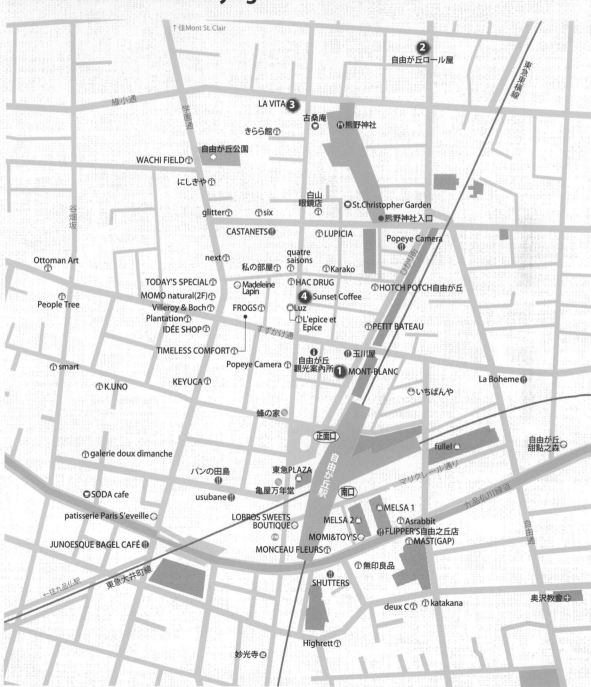

↑ 往Mont St. Clair

❷ 自由が丘ロール屋

緑小通

LA VITA ❸

きらら館⑪

古桑庵

🈁熊野神社

WACHI FIELD⑪

自由が丘公園

学園通

にしきや⑪

白山眼鏡店

谷畑坂

glitter⑪　⑪ six

⊙St.Christopher Garden
●熊野神社入口

CASTANETS⑪

⑪LUPICIA

Popeye Camera

Ottoman Art ⑪

next ⑪

私の部屋

quatre saisons

⑪Karako

⑪HOTCH POTCH自由が丘

TODAY'S SPECIAL ⑪

People Tree ⑪

MOMO natural(2F)⑪

Villeroy & Boch
Plantation ⑪

⑪Madeleine Lapin

⑪HAC DRUG

❹ ⑪Sunset Coffee

FROGS⑪

⑪Luz

⑪PETIT BATEAU

IDÉE SHOP⑪

⑪L'epice et Epice

すずかけ通

TIMELESS COMFORT⑪

⑪smart

Popeye Camera

🛈自由が丘観光案内所

⑪玉川屋

❶ MONT-BLANC

La Boheme

K.UNO

KEYUCA⑪

⑪いちばんや

蜂の家⑪

正面口

自由が丘駅

⑪galerie doux dimanche

fullel

自由が丘甜點之森⑪

パンの田島⑪

東急PLAZA

マリクレール通り

SODA cafe

亀屋万年堂

南口

九品仏川緑道

自由通

usubane⑪

MELSA 2

MELSA 1

⑪Asrabbit

patisserie Paris S'eveille⑪

LOBROS SWEETS BOUTIQUE⑪

MOMI&TOY'S

⑪FLIPPER'S自由之丘店

⑪MAST(GAP)

JUNOESQUE BAGEL CAFÉ⑪

MONCEAU FLEURS⑪

⑪無印良品

←往九品仏駅

東急大井町線

SHUTTERS

deux C⑪ ⑪katakana

奥沢教會✝

Highrett⑪

妙光寺卍

① MONT-BLANC

> 自由之丘鼎鼎大名的蒙布朗蛋糕店。

🏠目黑區自由が丘1-25-13 ☎03-3723-1181 ▽
10:00~18:00 休週二 💲モンブラン(蒙布朗)¥850

達人力推

MONT-BLANC開創於1933年，**結合日本口味與西洋作法的栗子蛋糕「蒙布朗」**，便是發源於此，來店裡當然一定要試試這項招牌甜品。海綿蛋糕包入產自愛媛縣的栗子做出一個個美味蛋糕，加入鮮奶油，並以黃色奶油勾鏤出細緻線條。

> 承襲90年前的做法製作出來的蛋糕，甜蜜之中還帶有淡淡的懷舊滋味。

② 自由が丘ロール屋

> 只能外帶的美味瑞士卷～

🏠目黑區自由が丘1-23-2 ☎03-3725-3055 ▽
11:00~18:00 休週三、第3個週二 💲瑞士卷1片¥400
起 ❗只提供外帶

達人力推

由日本知名的蛋糕師辻口博啟所開設的自由之丘ロール屋，是蛋糕師傅的夢想之店，也**是世界第一家專賣瑞士卷的蛋糕店**。蛋糕體選用新鮮的雞蛋和奶油做成，口味除了定番原味外，另依季節和主廚的創意，時常有限定款推出。細緻柔軟的蛋糕體、新鮮不膩的鮮奶油加上各種素材的香甜原味，堪稱絕配。

③ LA VITA

> 東京的小威尼斯

🏠目黑區自由が丘2-8-3 ☎03-3723-1881 ▽
8:30~20:00，店家營業時間各異 💲免費入場

達人力推

偏離自由之丘主街道，有一處十足歐洲風情的人氣攝影熱點「LA VITA」！**義大利風格街道上石造建築屋棟棟比鄰，裡面還特別打造一條人造河流及紅橋**，複製出小型威尼斯，每個角落都充滿異國氛圍；除了不停拍照，還有5、6間店舖可以逛逛。

> 拍照打個卡假裝自己正在威尼斯渡假中！

④ Sunset Coffee

🏠目黑區自由が丘1-26-14 ☎03-5726-9203 ▽10:00~17:00，
週末假日11:00~18:00
💲咖啡¥350起

自由之丘巷弄內總有幾家別緻小店引人注目，這間在小巷裡的迷你露天咖啡「Sunset Coffee」，沒有室內座位、小小外帶區一旁是手繪的自由之丘地圖，**店內只有咖啡和幾樣小甜點，可能是簡約的店舖設計反向操作，而成為日本人的熱門打卡地點。**

澀谷（P.58~61）｜代官山｜中目黑（P.108~111）｜自由が丘

自由が丘駅
じゆうがおかえき/ Jiyugaoka Station

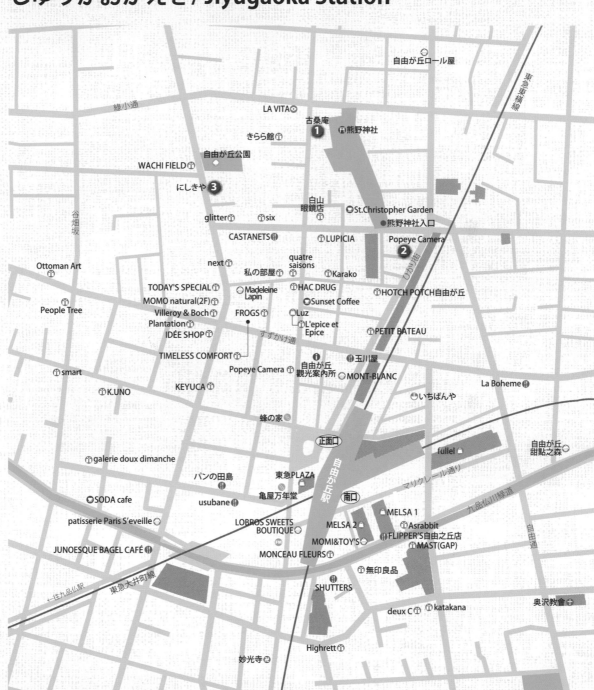

自由が丘ロール屋

東急東横線

緑小通

LA VITA

古桑庵 **1**

きらら館

熊野神社

自由が丘公園

WACHI FIELD

にしきや **3**

谷畑坂

白山眼鏡店

glitter　six

St.Christopher Garden

熊野神社入口

CASTANETS

LUPICIA

Popeye Camera **2**

ひかり街

next

quatre saisons

私の部屋

Karako

Ottoman Art

TODAY'S SPECIAL

Madeleine Lapin

HAC DRUG

HOTCH POTCH自由が丘

People Tree

MOMO natural(2F)

Sunset Coffee

Villeroy & Boch

FROGS

Luz

Plantation

L'epice et Epice

PETIT BATEAU

IDÉE SHOP

すずかけ通

TIMELESS COMFORT

玉川屋

smart

自由が丘観光案内所

Popeye Camera

MONT-BLANC

La Boheme

K.UNO

KEYUCA

いちばんや

蜂の家

正面口

galerie doux dimanche

fullel

自由が丘甜點之森

パンの田島

東急PLAZA

自由が丘駅

マリクレール通り

九品仏川緑道

SODA cafe

亀屋万年堂

南口

自由通

usubane

MELSA 1

patisserie Paris S'eveille

LOBROS SWEETS BOUTIQUE

MELSA 2

Asrabbit

FLIPPER'S自由之丘店

JUNOESQUE BAGEL CAFÉ

MOMI&TOY'S

MAST(GAP)

MONCEAU FLEURS

無印良品

東急大井町線

←往九品仏駅

SHUTTERS

deux C　katakana

奥沢教會

Highrett

妙光寺

澀谷（P.58~6）
代官山
中目黑（P.108~11）
自由が丘

1 古桑庵

以古老桑樹建成的木造日式建築，透露著懷舊的舒適氣氛。

在日式老房子中品嚐和風甜點。

達人力推

⌂目黑區自由が丘1-24-23 ☎03-3718-4203 🕐12:00~18:30，週末11:00~18:30 ㊡週三 💲古桑庵風抹茶白玉ぜんざい(古桑庵抹茶白玉湯圓)¥1,100

在榻榻米的座席上感受抹茶芬芳與日式氛圍的美好午後。

相較於提供西式甜點的咖啡店，建於大正時代的老屋喫茶店「古桑庵」，可說是自由之丘最特別的風景之一。沿著石子小徑往內部走去，午後的陽光透過綠樹，搖晃出水波般的燦爛光影。**店內提供幾樣簡單的日式甜點，招牌的抹茶紅豆白玉和水果紅豆蜜(あんみつ)都香甜細膩**，口感和味覺平衡得恰到好處。

Map

Web

2 Popeye Camera

ポパイカメラ

在日式老房子中品嚐和風甜點。

⌂目黑區自由が丘2-10-2 ☎03-3718-3431 🕐11:30~19:15 ㊡週三

達人力推

位在巷口不遠處的「ポパイカメラ」相機專門店已有超過80年歷史，**店裡販售品項廣泛，舉凡中古底片相機、LOMO相機、各種底片、底片盒、相本等應有盡有**，也提供沖洗底片的服務。除了攝影用器材也有許多小道具，原本是為了增加攝影時畫面的搭配性，但也讓不玩攝影的人在這裡找到樂趣。

Map

Web

店裡還能找到許多可愛的小模型或是相機相關的小雜貨。

3 にしきや

⌂目黑區自由が丘2-8-17 ☎03-6421-2560 🕐11:00~19:00 💲咖哩調理包¥420起

「にしきや」秉持美味、開心、安心還有冒險的心，**研發近100種口味的調理包，口味主要可分為咖哩包、湯包、洋食、印度料理、韓國料理以及米粥等**，

Map

Web

調理包用料不馬虎，吃得到大塊食材，包裝也走可愛風，送禮自用兩相宜！

京王井の頭線
Inokashira Line

Data
起訖點：渋谷~吉祥寺
通車年份：1934年全線開通（1948年改由京王經營）
車站數：17站
總長度：12.7km

京王井之頭線的身世多舛，原本屬於小田急電鐵的路線，卻因戰爭而與東急電鐵合併。但在1948年在財閥解體政策下，當時的東急電鐵分成了東急、小田急、京濱急行、東橫百貨、京王帝都等5家公司，京王井之頭線被劃為京王帝都電鐵所有，到了1998年，京王帝都電鐵又改名為京王電鐵，這名稱終於也就這樣定了下來。按原先的計劃，井之頭線本來是一條比山手線更大圈的環狀線，但由於種種因素，使如今的井之頭線卻只有短短12公里左右。雖然短，但從澀谷要到吉祥寺、井之頭公園時，京王井之頭線還是最便利，最常被利用的一條路線。

下北沢駅

下北澤位於東京大學駒場分校和明治大學兩大名校之間，走在南口或北口的購物街道，放眼望去盡是年輕的學生族群。為配合顧客的特性，這裡的商店賣的主要為個性服飾、二手衣物，以及讓人愛不釋手的可愛雜貨，而且價錢都相當划算，很容易看一樣就想要買一樣。除了購物，大學生沒課時聚會的咖啡廳、便宜餐館和居酒屋，更是形形色色，提供著學生最愛的超值美味。下北澤同時是小劇場的重鎮，蓬勃的藝文活動，為這個小城帶來不一樣的藝術況味。

吉祥寺駅

吉祥寺是個充滿個性的幸福小鎮，南北兩個出口，展現兩種完全不同的逛街心情。從南口出發往井之頭公園，是嬉皮浪人藝術家的路線，即使不買東西，光是走走看看都覺得有趣，井之頭公園到了春天開滿櫻花的風情常成為日劇場景。而北口的口琴橫丁充滿庶民況味，往西邊的中道通行走，則可發現許多可愛的生活雜貨店。

さとうSATOU
採用頂級松阪牛肉製作的現炸肉餅、可樂餅，從開店至今已經超過30年歷史，一直都維持著熱烈的高人氣。

P.76-79

JR中央 JR中線　吉祥寺
井の頭公園
三鷹台
久我山
富士見ヶ丘
高井戸
浜田山　　　　永福町
　　　西永福
京王　明大前
　　東松原
　　　　　新代田
下北沢　小田急小田原　池ノ上

P.166-169

Universal Bakes and Cafe
標榜使用100%植物性原料，將食材最自然道地的原味展現在自家手作麵包和炸甜甜圈上。

marble SUD
森林系服飾店Marble SUD，除了有自家服裝線，店內也集結了各家廠牌或獨立設計師的當季精采創意單品。

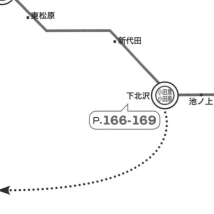

NATURAL KITCHEN
在台灣也有據點的人氣商店，店內商品以廚房、衛浴及客廳、房間的擺飾小物為主，每一件都以自然作為訴求，企劃出充滿氣質的優質商品。

P.58-61

渋谷

駒場
東大前

神泉

Stop by Stop零殘念精華路線推薦
達人帶你玩
京王井の頭線

渋谷駅
1 VIRON
建議參觀時間：30~60分鐘
VIRON所有麵包及糕點皆使用法國進口的頂級麵粉Rétrodor，為的就是要提供最道地的法式麵包。這裡除了必嚐的招牌法式長棍麵包，2樓餐廳提供的早餐更是熱門，麵包附上8種抹醬供顧客自由取用，好是滿足。

渋谷駅
2 QFRONT
建議參觀時間：60~120分鐘
澀谷車站旁有著科技感、銀色外衣的QFRONT，外牆的大螢幕上隨時放送著新出片的歌手MV及即時新聞，有時還會出奇不意的捕捉行人的身影呢！複合式大樓內有租售CD、DVD，販售遊戲軟體的TSUTAYA，還有書店、咖啡館、餐廳可小憩用餐。

下北沢駅
3 MAGIC SPICE
建議參觀時間：60~90分鐘
在北海道札幌大紅特紅的「湯咖哩」創始店，香噴噴的相當吸引人，有趣的是咖哩辣度共可分七級，讓顧客依自己口味挑戰。

吉祥寺駅
4 口琴橫丁
建議參觀：60分鐘
位於吉祥寺駅北口的的口琴橫丁可算是充滿吉祥寺在地風情商店街。由於店家成排聚集，就像口琴的吹口般，一格一格的，因而得名。

吉祥寺駅
5 Karel Capek 吉祥寺本店
建議參觀時間：20~40分鐘
由繪本作家兼專業紅茶師山田詩子所企劃的紅茶專賣店，店裡推出的糖果餅乾、茶具、茶葉罐等，通通畫上了作家招牌的可愛圖案，吸引了大人小孩的目光。

吉祥寺 (P76~79) | 下北沢 | 渋谷 (P58~61)

下北沢駅
しもきたざわえき/
Shimokitazawa Station

① 東洋百貨店

⌂ 世田谷區北沢2-25-8　☎ 03-3468-7000　◑ 12:00~20:00(依店舖而異)

> 充滿懷舊感和青少年次文化的流行商店街。

> 達人力推

　位在下北澤北口步行約5分鐘距離的「東洋百貨店」，從入口的可愛電車頭塗鴉已開始引人注目，入內後右手邊有座位區，左手邊則可看到各樣的古著洋裝，**店舖裡集結超過20間的雜貨小舖、個性商店和二手古著**，細細地逛也能花上一、兩個小時，商品物美價廉，推薦古著迷可前來尋寶。

Map　Web

> 每家店用不同特色和主題來詮釋「下北澤流」文化。

② 本多劇場

⌂ 世田谷區北沢2-10-15　☎ 03-3468-0030　◑ 依演出劇碼而異　⑤ 依演出劇碼而異

　本多劇場可說是下北澤的地標！這是1982年由日本知名劇團新東寶的藝人本多一夫所開設，經過努力推廣之下，現在成為東京最出名的演劇場，此劇場提供對演劇有興趣的日本年輕人一個可以實現夢想的地方。

Map

Web

③ JET SET RECORDS

⌂ 世田谷區北沢 2-33-12(柳川ビル201号)　☎ 03-5452-2262　◑ 12:00~20:00　休 不定休

Map

Web

　這家酷酷的唱片行，雪白的內部裝潢宛若飛機機艙，**從流行音樂、爵士、搖滾、藍調、HIPHOP等涉獵甚廣**，且可以試聽。一樓是提供給音樂入門班的愛好者，二樓則是專業升級班的音樂分類，還提供可以用來試聽的電腦及耳機設備。

④ Nick'n Roll R29

⌂ 世田谷區北沢2-14-15　☎ 070-5579-9897　◑ 12:00~21:30

　R29飯糰因**特別選用日本國產米以備長炭烘烤**，做出香Q卻不乾硬的米飯，配上來自宮崎的嫩肩豬肉，並加上起司、泡菜、海苔等配料，真材實料與歷經過多次失敗、臻近完美的調味，為每款肉捲飯糰培養出各自的支持者，R29更從2009年開幕以來，受到許多日本電視、雜誌媒體的報導，人氣非常旺。

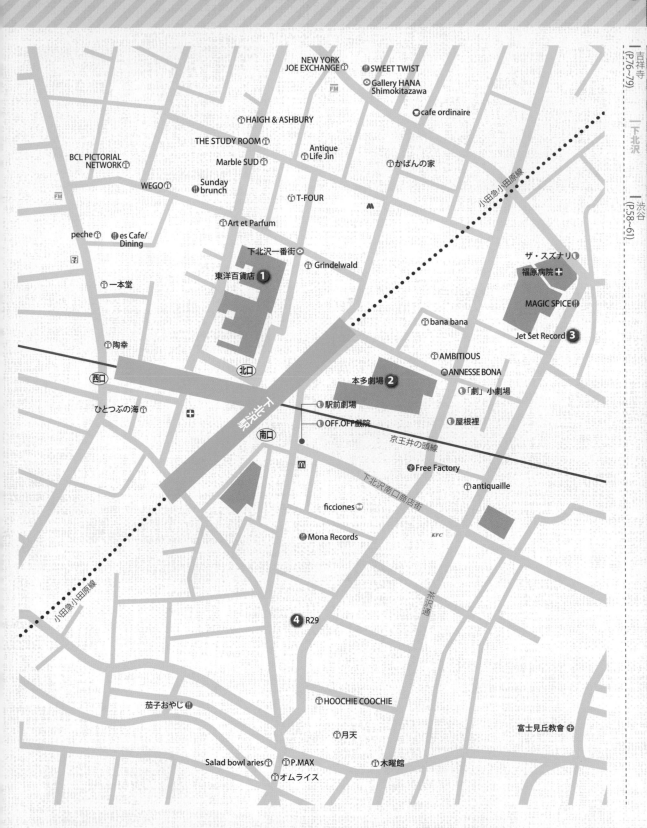

吉祥寺 (P.76〜79)
下北沢
渋谷 (P.58〜61)

NEW YORK JOE EXCHANGE
SWEET TWIST
Gallery HANA Shimokitazawa
cafe ordinaire
HAIGH & ASHBURY
THE STUDY ROOM
Antique Life Jin
BCL PICTORIAL NETWORK
Marble SUD
かばんの家
WEGO
Sunday brunch
T-FOUR
peche
es Cafe/ Dining
Art et Parfum
下北沢一番街
Grindelwald
一本堂
東洋百貨店 ❶
ザ・スズナリ
福原病院
MAGIC SPICE
陶幸
bana bana
Jet Set Record ❸
西口
北口
AMBITIOUS
ANNESSE BONA
本多劇場 ❷
「劇」小劇場
ひとつぶの海
駅前劇場
南口
OFF.OFF戯院
屋根裡
京王井の頭線
京王井の頭線
Free Factory
antiquaille
下北沢南口商店街
ficciones
KFC
Mona Records
茶沢通
小田急小田原線
❹ R29
茄子おやじ
HOOCHIE COOCHIE
月天
富士見丘教會
Salad bowl aries
P.MAX
木曜館
オムライス

下北沢駅
しもきたざわえき/
Shimokitazawa Station

① MAGIC SPICE

☎03-5454-8801 　🏠世田谷區北沢1-40-15 　🕐11:30~15:00，17:30~22:30 　🏠週二、三 (價錢)雞肉湯咖哩¥1,300

　在北海道札幌大紅特紅「湯咖哩」的創始店MAGIC SPICE，也在東京下北澤開店，店門口前總是排滿人潮。**MAGIC SPICE的湯咖哩重視原汁原味**，香噴噴的相當吸引人，有趣的是**咖哩辣度共可分七級**，而依等級不同得外加¥100到¥360之間的價錢。

② reload

> 從建築本體到進駐店家都極具個性。

> 達人力推

🏠世田谷區北沢3-19-20 　🕐因店家而異

　伴隨小田急線鐵路地下化，下北澤站與東北澤站間的街容也因為全新商業設施「reload」誕生，變得不一樣了！**24棟外觀純白卻大小迥異的雙層樓建築群，以低層分棟構築而成，充分打造出「回遊」、「滯留」空間**，並開放具設計感的戶外區，設置露天座位，讓造訪者不僅能悠閒往返穿梭和停留，進駐店家也與上門消費者有更多接觸與互動機會。100%純素麵包店「Universal Bakes Nicome」、京都老字號「小川珈琲」等超過20間個性店家都在此設店，你可能得花個半天停留才能通通逛完。

> 印上音符與吉他圖騰的商品，是mona records 的象徵代表。

> 2樓音樂食堂(おんがく食堂)提供創意料理。

③ mona records

🏠世田谷區北沢2-13-5伊奈ビル3F 　☎03-5787-3326 　🕐15:00~24:00，週末例假日10:00~24:00 　💴音樂食堂：定食¥880起 　❗2樓部分現因疫情關係不開放

　在下北澤Indie音樂圈中十分活躍的mona records，原是家專門代理發行地下非主流樂團的音樂廠牌，幾年前完成轉型整修，將**2樓店面改裝為兼賣唱片、書籍、創意商品的複合式餐廳**，3樓則為現場Live表演場地。由原本的小店至現在的大規模經營，打出品牌知名度的mona records更發展出一系列的自營商品。

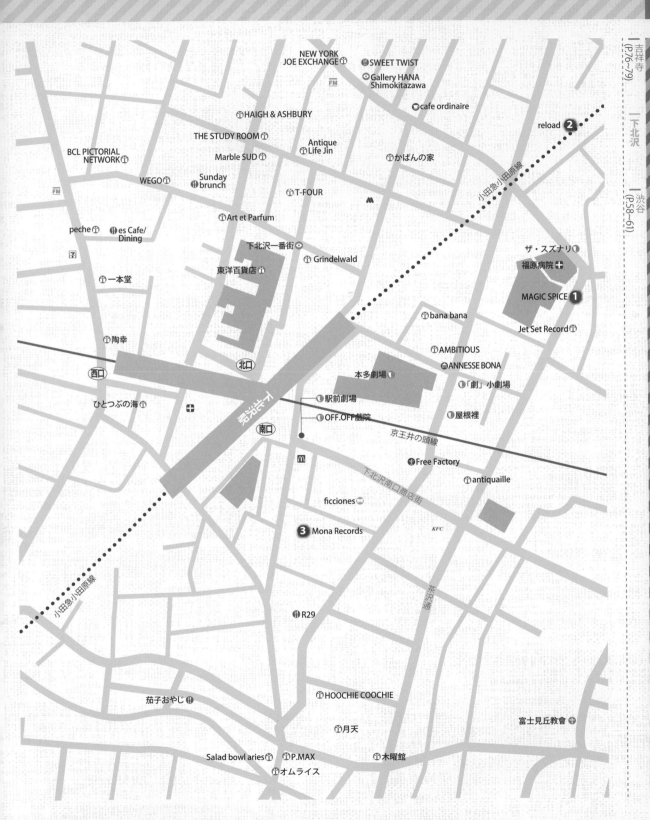

京王井の頭線

百合海鷗號
ゆりかもめ Yurikamome

Data
起訖點：新橋~豐洲
通車年份：1995年全線開通
車站數：16站
總長度：14.7km

百合海鷗號連接了新橋至豐洲，串聯了整個大台場地區。日新月異的台場是東京旅遊的必訪之地，也是集購物、休閒、美景、住宿於一體的休閒樂園。百合海鷗號最大的特點就是其運用電腦自動運行的列車，就像台北捷運的文湖線一樣，但不同的是當百合海鷗號穿過彩虹大橋時，坐在最前頭的人就能藉由只有駕駛員才能看到角度欣賞東京灣的美麗風景。搭乘百合海鷗號經過彩虹大橋後，每一站都值得下車玩一玩、看一看。

お台場海浜公園駅

御台場海濱公園站是百合海鷗號駛離新橋駅，渡過彩虹大橋後的第一個車站。這裡離日本的人造沙灘「台場海濱公園」很近，故以此為名。台場海濱公園是屬於日本的第三史蹟公園，也是東京的賞櫻名所。

DECKS Tokyo Beach
結合海島商場、濱海商場、東京JOYPOLIS三大購物與遊樂中心的DECKS Tokyo Beach，以休閒為主題，有許多趣味小店。另外，像是各大連鎖服飾、家居品牌、藥妝店，也都可以在這裡找到。

台場駅

緊臨東京灣的台場，是東京公認最浪漫的地方。在這可以感受到海風徐徐吹拂的海埔新生地上，有著占地寬廣、內容五花八門的遊樂中心和購物商場。白天海鷗乘著海風在灣岸邊翻轉飛翔，到了夜晚遊船行過燈火明燦的彩虹大橋，橫跨東京灣的彩虹大橋也閃爍著絢爛的燈光，帶來夢幻醉人的夜景。台場的白晝與黑夜有著多變又多彩的顏色表情，也難怪會成為日劇最愛的取景地呢！

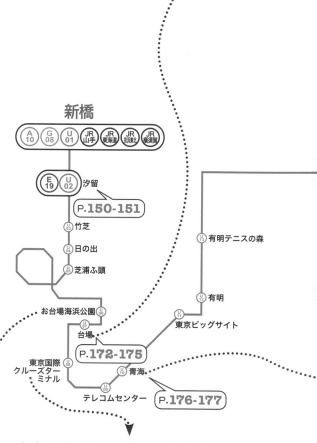

新橋
(A 10) (G 08) (U 01) (JR 山手) (JR 東海道) (JR 京浜東北) (JR 橫須賀)

(E 19) (U 02) 汐留
P.150-151

(U 03) 竹芝
(U 04) 日の出
(U 05) 芝浦ふ頭
お台場海浜公園 (U 06)
台場 (U 07)
P.172-175
東京国際クルーズターミナル (U 08)
テレコムセンター (U 09)
青海 (U 10)
P.176-177

有明テニスの森 (U 11)
有明 (U 12)
東京ビッグサイト (U 13)

東京国際クルーズターミナル

東京國際郵輪碼頭站原名為「船の科学館」，於昭和47年(1972年)開館，不只創下曾經吸引550萬觀光客前來參觀的紀錄，其更以展示「月之石」而聞名。這裡還有日本科學未來館、潮風公園等景點。

日本科學未來館
由太空人毛利衛擔任館長，日本科學未來館展示地球環境、宇宙等最先端的技術，館內高掛著一個巨大的地球顯示儀，可以顯示地球上目前正在進行中的大氣氣象、地表面溫度等。也展示在日本引起話題的機器人——ASIMO，它不但會走路說話，還能用日文回答你的問題。

自由女神像
除了在紐約自由女神像，在台場也有一座自由女神像。這座自由女神像是按照法國巴黎的自由女神像等比例打造，在平成10年(1998年)時做為期1年的展示，但因為太受好評而常設在台場這裡，也成了大家來這裡拍照留念的景點。

豐洲
Ｙ22　Ｕ16

P.178-179　新豐洲

市場前

青海駅

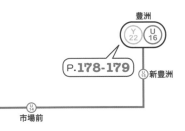

　青海駅的名稱來自臨海副都心這一帶的町名，因為這裡的南方有許多碼頭，且看得到許多貨輪，因而得名。而車站北邊則是大型休憩遊樂設施比較多，是百合海鷗號上觀光客很多的一區。

Stop by Stop零殘念精華路線推薦

達人帶你玩
百合海鷗號

お台場海濱公園駅
▶ **1** 彩虹大橋
建議參觀時間：30~60分鐘
雪白色的彩虹大橋，到了夜晚就會點起夢幻的燈光，是日劇的最佳取景地。走在連接海濱公園的棧橋上，和情人欣賞眼前美景，滿分的浪漫讓幸福升到最高點。

お台場海濱公園駅
▶ **2** 台場一丁目商店街
建議參觀時間：60~90分鐘
台場一丁目商店街將昭和年代的東京街頭再現，舉凡復古衣飾、江戶風生活雜貨、便宜二手和服、洋食屋、糖果屋等舊時代的商店和餐館琳瑯滿目，感受到那股濃濃的往日情懷，彷彿掉入了時光隧道。

台場駅
▶ **3** 富士電視台
建議參觀時間：60~90分鐘
來這裡不但可以親身了解電視節目的製作流程，還可以購買人氣節目的紀念品，25樓的球體展望室更能以270度欣賞臨海副都心，也相當受到歡迎。

台場駅
▶ **4** DiverCity Tokyo Plaza
建議參觀時間：120~180分鐘
以「劇場型都市空間」為設計主題，打造出占地8層樓、總面積超過45,000平方公尺的大型百貨，提供遊客集購物、玩樂與飲食大成的舒適空間。

東京ビッグサイト駅
▶ **5** 水的科學館
建議參觀時間：60~90分鐘
來到位在台場旁的水的科學館，就能輕鬆了解水資源的各種小知識，同時也是帶領人們認識水資源，進而珍惜水資源。

台場駅
だいばえき/ Daiba Station

❶ 彩虹大橋

⏱港區芝浦與台場之間

連結東京都港區與台場的彩虹大橋，是台場的代表，也是多部日劇的拍攝場景。彩虹大橋每到晚上就點打上單色燈光，但也有過幾次是配合活動(如跨年)打上璀璨的彩色燈光，使其成為名符其實的彩虹大橋。

必訪台場的定番景點！

達人力推

夜晚打上燈光的彩虹大橋，更有浪漫氛圍。

Map

Web

橫渡彩虹大橋RAINBOW PROMENADE
彩虹大橋的遊步道分為橋南側與北側，從南側可以看到台場一帶的風景，像是著名的富士電視台球體展望室等海濱風景，盡收眼底。若走北側，能看到的則是豐洲、東京市區風景，天氣好時可以遠眺東京鐵塔呢！
🕘9:00~21:00，11~3月10:00~18:00
🚫第3個週一(遇假日順延)，12月29~31日
💲免費

② 富士電視台

フジテレビ

富士電視台銀色球體的外型相當引人注目，是來到台場的必遊之地。

📍 港區台場2-4-8　☎ 03-5500-8888　⊙

10:00~18:00(依設施而異)，入館~17:30　🚫週一(遇假日順延)　💰免費參觀；球體展望室「はちたま」大人¥700、中小學生¥450

　　來到富士電視台除了可以**一圓電視夢**，還可以**親身體驗電視節目的藍幕效果**，相當有趣。電視台主要參觀區可分為1樓劇場大廳、5樓美妙街道、7樓樓頂庭園、24樓鬧鐘天空，以及25樓球體展望室。

Map

Web

新橋 (P150~151)
汐留 (P150~151)
台場
青海
豐洲

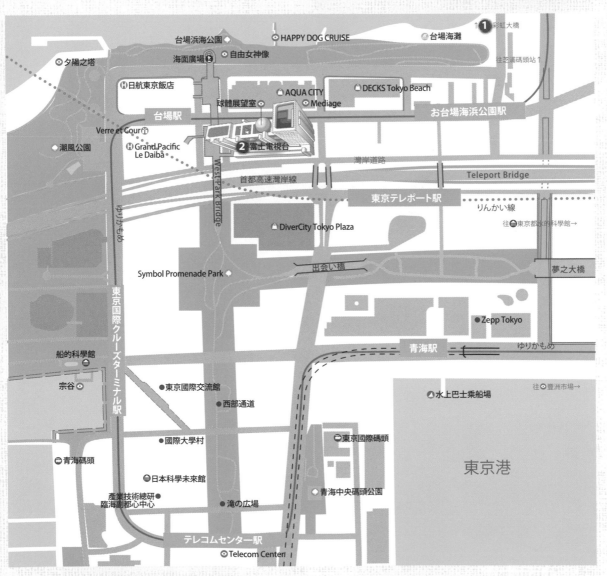

- ↑① 彩虹大橋
- HAPPY DOG CRUISE
- 🏖 台場海灘
- 夕陽之塔
- 台場浜海公園
- 海面廣場
- 自由女神像
- 往芝浦碼頭站↑
- Ⓗ日航東京飯店
- 球體展望室
- AQUA CITY
- Mediage
- DECKS Tokyo Beach
- お台場海浜公園駅
- 台場駅
- Verre et Cour
- Ⓗ Grand Pacific Le Daiba
- 潮風公園
- ② 富士電視台
- West Park Bridge
- 灣岸道路
- Teleport Bridge
- 首都高速灣岸線
- 東京テレポート駅
- りんかい線
- DiverCity Tokyo Plaza
- 往🏛東京都水的科學館→
- 夢之大橋
- Symbol Promenade Park
- 出会い橋
- ゆりかもめ
- 東京国際クルーズターミナル駅
- Zepp Tokyo
- 青海駅
- ゆりかもめ
- 船的科學館
- 宗谷
- 東京國際交流館
- 西部通道
- 水上巴士乘船場
- 往⊙豐洲市場→
- 國際大學村
- 🚢東京國際碼頭
- **東京港**
- 🚢青海碼頭
- 🏛日本科學未來館
- 產業技術總研臨海副都心中心
- 滝の広場
- 青海中央碼頭公園
- テレコムセンター駅
- ⊙ Telecom Center

台場駅
だいばえき/ Daiba Station

① DECKS Tokyo Beach

主題園區+百貨區，玩得超開心！

📍港區台場1-6-1　☎03-3599-6500　🕐依店舖而異

達人力推

Map

Web

DECKS結合海島商場(アイランドモール)、濱海商場(シーサイドモール)、東京JOYPOLIS三大購物中心，以休閒為主題，有許多趣味小店。商場內除了台場少不了的觀海餐廳，還加入新鮮的特色來吸引遊客注意，例如台場一丁目，充滿懷舊氣氛。另外，像是各大連鎖服飾、家居品牌、藥妝店，也都可以在這裡找到。

© 創通・サンライズ

© 創通・サンライズ

② DiverCity Tokyo Plaza

台場購物廣場

📍江東區青海1-1-10　☎0570-012-780　🕐商店、各種服務11:00~20:00，美食廣場11:00~21:00，餐廳11:00~22:00

鋼彈迷的天堂！

達人力推

DiverCity Tokyo Plaza內有超過150間店進駐，集結海外知名品牌、國內休閒品牌之外，匯集13家美味餐飲的美食區也是一大焦點，容納約700個座位的規模傲視全台場。逛累了就到2樓正門前方的Festival廣場轉換一下心情吧，一天有多次表演可欣賞，吃喝玩樂全得到最大的滿足。

Map

Web

每天不定時還會舉辦科學小教室,在工作人員的帶領下來場水的實驗。

③ 水的科學館

📍江東區有明3-1-8 ⏰9:30~17:00
🏠週一 (遇假日順延)，12/28~1/4 💰免費

現在生活中打開水龍頭便有乾淨的水流出來，但你知道，你正在使用的水，是怎麼流到你手上的嗎？來到位在台場旁的水的科學館，就能**輕鬆了解水資源的各種小知識**，同時也是帶領人們認識水資源，進而珍惜水資源的第一步。

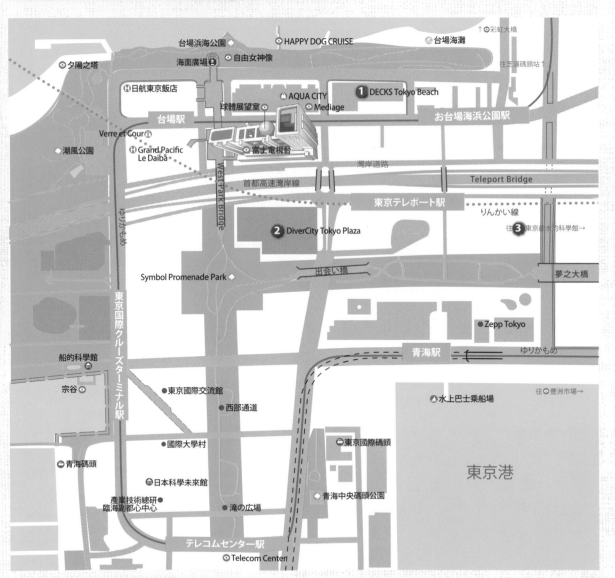

↑彩虹大橋

夕陽之塔
台場浜海公園
HAPPY DOG CRUISE
台場海灘
海面廣場
自由女神像
往芝浦碼頭站↑
日航東京飯店
① DECKS Tokyo Beach
台場駅
球體展望室
AQUA CITY
Mediage
お台場海浜公園駅
Verre et Cour
Grand Pacific Le Daiba
富士電視台
潮風公園
West Park Bridge
灣岸道路
Teleport Bridge
首都高速灣岸線
東京テレポート駅
りんかい線
② DiverCity Tokyo Plaza
往**③**東京都水的科學館→
Symbol Promenade Park
出会い橋
夢之大橋
ゆりかもめ
Zepp Tokyo
青海駅
ゆりかもめ
船的科學館
宗谷
青海碼頭
東京國際交流館
西部通道
國際大學村
日本科學未來館
產業技術總研
臨海副都心中心
滝の広場
東京国際クルーズターミナル駅
水上巴士乘船場
往豐洲市場→
東京國際碼頭
青海中央碼頭公園
東京港
テレコムセンター駅
Telecom Center

青海駅
あおみえき/ Aomi Station

1 船的科學館

⌂品川區東八潮3-1 ⏰10:30~16:00 休週一(遇假日順延)，12/28~1/3 $免費

　船的科學館於1974年完工，**特殊的郵輪型建築，遠看彷彿一艘大船停泊港口**，近看更是壯觀。2011年起，因為建物老朽化，關閉本館的展示。即便如此，今天來到船的科學館，依舊有不少可看之處。如改建自原本賣店的迷你展覽以日本海權、船體結構等為中心，有簡單的展示。

2 AQUA CITY

☎03-3599-4700 ⌂港區台場1-7-1 ⏰商店11:00~21:00，餐廳11:00~23:00(美食廣場21:00止) 休不定休

　集合約50間餐廳、70家商店的大型購物中心。AQUA CITY面臨台場海濱公園，擁有最佳的視野，尤其華燈初上時，**可以選家海景餐廳享用晚餐，欣賞彩虹大橋璀璨的燈光，或是到旁邊的夢之大橋走走**，享受最浪漫的一夜。

3 東京國際展示場

☎03-5530-1111 ⌂江東區有明3-21-1 ⏰依展覽而異

　呈倒三角錐造型的TOKYO Big Sight，是個**超大型的國際會議中心兼展覽會場**，全館總面積23萬平方公尺，經常舉辦各式大型展覽，如漫畫展，甚至瘋狂熱鬧的演唱會。也是日劇《電車男》中主角費盡千辛萬苦想要進入的展覽會場。

④ 日本科學未來館

🏠 江東區青海 2-3-6　☎ 03-3570-9151　🕐 10:00~17:00(入館~16:30)　🚫 週二，12/28~1/1　💲 大人¥630，18歲以下¥210

　由太空人毛利衛擔任館長，**日本科學未來館展示地球環境、宇宙等最先端的技術**，館內高掛著一個巨大的地球顯示儀，可以顯示地球上目前正在進行中的大氣氣象、地表溫度等。也展示在日本引起話題的機器人「ASIMO」，它不但會走路說話，還能用日文回答你的問題。

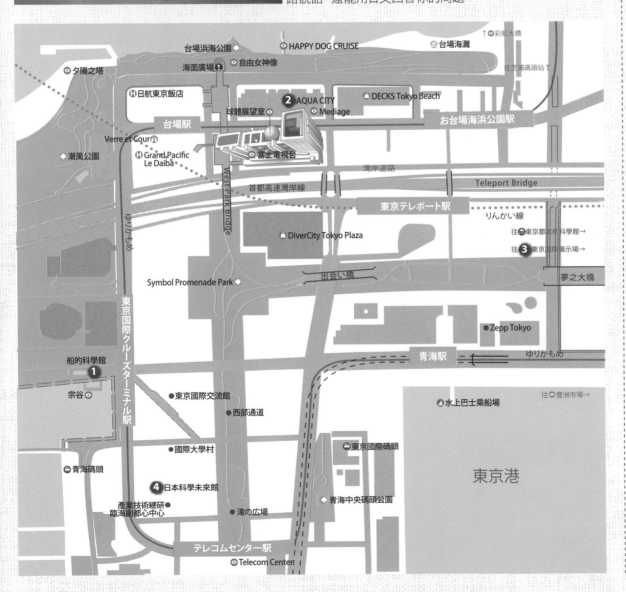

新橋
(P150~151)

汐留
(P150~151)

台場

青海

豐洲

市場前駅/豊洲市場
しじょうまええき/とよすしじょう
Shijomae Station/Toyosu Market

① 海鮮批發大樓

水産卸売場棟

📍豊州市場水産卸売場棟&行政大樓3F ⏰3F餐飲06:00~14:00(各店營業時間不一) 🚫同市場

位於七街區,是一棟集結海鮮批發、市場歷史與展望藍圖展示室及管理設施行政辦公區、美食餐廳的地方。這裡也是巨型鮪魚批發拍賣處,甚至被列為日本新年必看拍賣景致。**初次來訪又對市場的整體面貌不甚理解者,可以將此列為參訪第一站。**

豊洲市場
比原本築地市場大上2倍的豊洲市場,總共分成三大棟建築,分別是:「海鮮批發大樓」、「海鮮仲介批發大樓」以及「蔬果批發大樓」,原本位於築地場內市場的近40家名店餐飲也跟著搬遷過來。除了美味標的外,當然就是觀看實際批發、喊價的活力市場時刻,以室內參觀通道讓旅客隔著玻璃、居高往下觀看整個交易過程。

❗豊洲市場內餐飲跟商店,大多營業至下午2~3點

② 炸豬排八千代

とんかつ八千代

📍豊州市場管理施設棟3F ☎03-6633-0333 ⏰7:00~13:30 🚫週日、休市日 💰定食¥1,500~2,500

とんかつ八千代被喻為「築地場內市場最好吃的炸物」!原在場內市場的八千代,也跟著移轉至豊洲市場,落腳在管理設施大樓3樓的美食街,雖然位置不同了,不變的是炸物的好滋味,八千代主打海鮮炸物,像是牡蠣、明蝦、星鰻、扇貝等都能入菜。這裡的菜單皆為定食套餐,附有漬物、白飯及味噌湯。

店內的秘密菜單叉燒蛋定食,每週二、四、六限量推出!

③ 大和壽司

📍豊州市場青果棟1F ☎03-6633-0220 ⏰6:00~13:00 🚫週日、週三、休市日 💰おにぎりおまかせ(廚師特選單人套餐)¥4,320、壽司一貫¥時價

喜愛築地市場時期人氣店家「大和壽司」的朋友們不必擔心,隨著市場遷移,該店一同來到豊洲,且同樣擁有兩家店面,更坐擁鄰近車站的絕佳位置。廚師特選套餐由師傅**每日從魚市場選購當季滋味,看著握壽司上桌時那晶瑩剔透的肉質,讓人忍不住食指大動。**

點定食能一次品嘗兩種滋味。

④ 天房

📍豐州市場青果棟1F ☎03-6633-0222 ⏰
7:00~13:30 🈺週日、週三、休市日 💰天丼¥
1,900、まぐろ定食(鮪魚定食)¥1,350、單點料理
¥300起

天房所提供的炸天婦羅餐點，都是每天清晨從水產仲介賣場大樓特選而來。在現炸熱呼呼的天婦羅淋上店內特調的濃稠甘甜醬汁，著實令人口水直流。若是希望同時品嚐炸物與生魚片的朋友，天房也提供鮪魚定食，能夠享受毫不油膩的炸物與份量十足的鮪魚切片兩種口感。

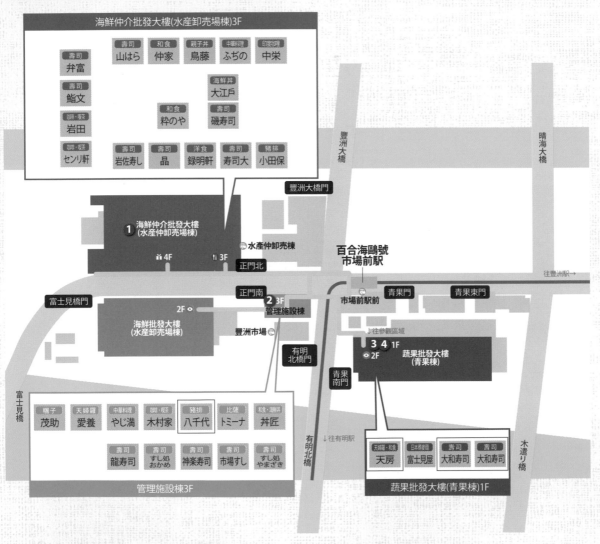

海鮮仲介批發大樓(水産卸売場棟)3F

| 壽司 弁富 | 壽司 山はら | 和食 仲家 | 親子丼 鳥藤 | 中華料理 ふぢの | 印度咖哩 中栄 |

壽司 鮨文

咖啡·輕食 岩田　　　　海鮮丼 大江戶

咖啡·輕食 センリ軒　　和食 粹のや　　壽司 磯寿司

壽司 岩佐寿し　壽司 晶　洋食 録明軒　壽司 寿司大　豬排 小田保

① 海鮮仲介批發大樓(水産仲卸売場棟)

🚻4F　🛗3F　🔷水產仲卸売棟

豐洲大橋門　豐洲大橋

正門北

百合海鷗號 市場前駅

往豐洲駅→

正門南　② 3F 管理施設棟　市場前駅前　青果門　青果東門

富士見橋門

海鮮批發大樓 (水産卸売場棟)　2F

🔷豐洲市場　有明 北橋門　青果 南門

③ ④ 1F
🔷2F　蔬果批發大樓 (青果棟)

富士見橋

糰子 茂助　天婦羅 愛養　中華料理 やじ満　咖啡·輕食 木村家　豬排 八千代　比薩 トミーナ　和食·漬物 丼匠

有明北橋　←往有明駅

壽司 龍寿司　壽司 すし処 おかめ　壽司 神楽寿司　壽司 市場すし　壽司 すし処 やまざき

木遣り橋

天婦羅·輕食 天房　日本甜點 富士見屋　壽司 大和寿司　壽司 大和寿司

管理施設棟3F　　　　　　　蔬果批發大樓(青果棟)1F

━━ 參觀路線(黃色路線)　🍴 餐廳　🛍 購物　🚌 公車站牌　🔷 參觀區域

都電荒川線懷舊之旅
搭上復古電車 一日小旅行

還記得電影「ALWAYS~幸福三丁目」裡，奔馳在東京街頭、綠色與米色相間的復古路面電車嗎？一度曾是東京主要交通工具的路面電車，隨著汽車的普及和交通型態的改變，走下歷史的舞台，但在東京仍有兩條路面電車線難得地被保留下來，其中，最為人知也最受觀光客歡迎的，就是跨行早稻田到三之輪橋之間的都電荒川線。

都電
懷舊之旅
都電荒川線

面影橋駅
富田染工藝
富田染工芸

🚃都電面影橋駅徒步約2分　🏠新宿區西早稻田3-6-14　☎03-3987-0701
🕙10:00~12:00，13:00~16:00　🚫週六日、例假日　💴染布體驗：單面染¥2000，雙面茶巾¥4500　❗體驗需事先預約，後續製作需要約1個月，完成後可將成品代寄到指定住址

過去在新宿市區的神田川一側染坊林立，各間店家沿著清流洗布、曬布的壯觀畫面已經不復見。而富田染工藝仍獨擁老式木屋和工房，守護傳統技藝。工房開放參觀之外也提供染布體驗，從雙面的小茶巾到自行攜帶T恤加工，在職人指導下親手塗染色糊(型付け)，完成作品。

早稻田駅
早稻田大學
早稻田大学

🚃都電早稻田駅徒步約5分　🏠新宿區戶塚町1-104　☎03-3203-4141　🕙8:00~22:30，週日例假日 8:00~18:00　🌐www.waseda.jp

從路中央的小站向右前方坡道走去，經過沿路便宜的學生街餐廳，就能抵達頗有名氣的私立大學——早稻田大學。建於1920年的早大，前身是1882年設立的東京專門學校，從最早的政經、法律、理學、英語發展至今已是擁有10個科系和多個校區的大型學院，其中早稻田校區是最早規模也最大校區。校園內除了能感受到充滿活力的校園氣氛，歷史建築如大隈講堂和坪內博士記念演劇博物館等也都有著充滿人文氣質的優雅氣度。

庚申塚駅
巢鴨地藏通商店街
巢鴨地藏通り商店街

🚃都電庚申塚駅徒步約3分　🏠豊島區巢鴨3丁目、4丁目　☎03-3918-2101　🌐sugamo.or.jp

從庚申塚站出站後往南走，就可以走到熱鬧的地藏通商店街入口；這裡可是被稱為歐巴桑的原宿的老派情調商店街。沿路上有著廟宇、點心、便宜的衣服和日用品、超市等，還有專賣大紅內衣褲的知名品牌maruji等當地知名品牌，可以體驗看看另一種樣貌的東京。

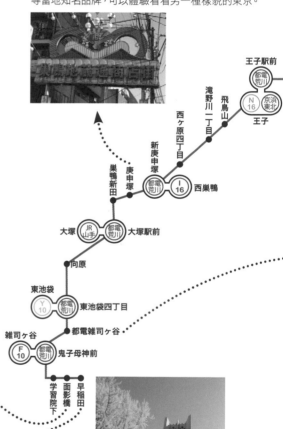

荒川遊園地前駅
あらかわ遊園

🚃都電荒川遊園地前駅徒步5分 🏠荒川區西尾久6-35-11 ☎03-3893-6003 ⏰9:00~17:00，夜間開園~20:00 ❌週二，年末年始 💰入場大人¥800，中學生、65歲以上¥400，小學生¥200，另有包含入園費與設施不限次數乘坐的free pass，遊樂設施券1張¥100 🌐www.city.arakawa.tokyo.jp/yuuen/

　充滿許多江戶子(東京土生土長的人)兒時回憶的あらかわ遊園創業於大正11年(1922年)，小巧的摩天輪一直是這裡的象徵。園內面積不太，遊樂設施也不刺激，但特有的懷舊氣氛讓人沉醉其中。現在園內還有與可愛小動物親密接觸的活動，可愛的遊園小火車也是大人小孩都愛的人氣設施。

關於都電荒川線

起訖站：早稻田~三ノ輪橋
總站數：30站　總長度：12.2km
☎03-3893-7451
⏰約6:00~23:00，每5~6分一班車。7:00以前和20:00以後班次較少。
💰均一價單程大人¥170，兒童¥90。都電一日乘車券大人¥400，兒童¥200
❗前門上車付錢，到站按鈴，後門下車。大部份車站都是無人站，一日乘車券可以在車上或是少部份站內窗口直接購買。另外SUICA和PASMO也都能使用。
🌐www.kotsu.metro.tokyo.jp/toden/

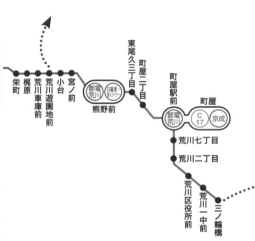

都電雜司ヶ谷駅
鬼子母神社

🚃都電雜司ヶ谷駅徒步約5分 🏠豐島區雜司ヶ谷3-15-20 ☎03-3982-8347 ●自由參觀 🌐www.kishimojin.jp

　從都電下車後，長長的神社參道有著巨大檜木夾道，令人有著穿越時空的錯覺；而進到神社域內，更不由得被鳥居一旁姿態瀟灑的700歲銀杏樹吸引住視線。雜司谷的這處鬼子母神社，歷史可追溯到16世紀間，現在的神殿樣式，還是依據1664年時的樣式復原修復而成。殿中的鬼子母神面容慈祥，保祐安產與養育，數百年間香火鼎盛。

三ノ輪橋駅
三ノ輪橋

🚃都電三ノ輪橋駅即達 🏠荒川區南千住一丁目 ☎03-3893-7451

　開業於大正4年(1913年)的三ノ輪橋駅，是關東地區的車站百選之一。由於是首站，再加上車站本身的歷史風情，這裡可說是各路攝影好手拍攝都電荒川線電車的著名景點之一。

東急世田谷線日常輕旅行
乘坐路面電車漫步悠遊

世田谷線是東急電鐵唯一的一條軌道線，同時也是東京都內唯二的路面電車。連接都心西南部三軒茶屋與下高井戶的這條路面電車，其實還殘留著「玉電」的面貌；玉電是昭和年代時，連接澀谷與二子玉川的路線電車，廢線後，其中三軒茶屋至下高井戶一段被保留下，由東急電鐵接手，自1999年起引進東急300系電車，每次列車由兩輛編成，而每台列車顏色都不一樣，共有10種顏色，來世田谷線尋找心中的那抹顏色，也成了鐵道迷們造訪的課題呢！

整修路線穿貫穿世田谷區的住宅區，說是一條觀光的路線，倒不如說是為了當地居民生活便利而設。與都電荒川線一樣，是東京殘存的路面電車，車速緩慢，每一站間距不超過1公里；沿線許多小店、咖啡廳，尤其是在松陰神社前至世田谷駅一帶，因為比較少觀光客造訪，讓人有種遠離東京喧囂的靜謐感；也因為站距不大，透過緩慢的車窗流動，東京最真實的生活風景才能躍然眼前。

山下駅
玉電咖啡山下
たまでんカフェ山下

🚉山下駅出站即達 🏠世田谷區豪德寺1-44-5 ☎03-5426-3737 ⏰10:00~17:00 🚫週三、週日 💰咖啡￥250

由世田谷區域活化組織所經營的玉電咖啡，訴說著世田谷線曾經的身世，同時也肩負起地域活化、文化交流的使命，另外店內一隅也設置了玉電的資料、相關產品等，鐵道迷必遊！

宮の坂駅
豪德寺
豪德寺

🚉宮の坂駅徒步5分 🏠世田谷區豪德寺2-24-7 ☎03-3426-1437 ⏰6:00~18:00(3月下旬~)、6:00~17:00(9月下旬~) 💰境內自由

豪德寺是世田谷區曹洞宗的寺院，會漸漸有名起來，是因為傳聞這裡是招財貓的發祥地。現在境內除了可以在三重塔上找到招財貓的浮雕之外，在招福殿旁供奉上千尊招財貓，更是奇觀，是愛貓人士必訪的名勝！

上町駅
世田谷區立鄉土資料館

🚉上町駅徒步1分 🏠世田谷區世田谷1-29-18 ☎03-3429-4237 ⏰9:00~16:30 🚫週一、例假日(遇週一順延)、12/29~1/3 ❗目前因整修工事閉館中，預計於2023年8月再開館

世田谷區立鄉土資料館是東京都23區中，第一座地域性博物館。現址位在彥根藩世田谷領代官大場家的代官屋敷境內，除了現代的博物館外，也能看到早期農豪建築，是個散步的好去處。

關於東急世田谷線
起訖站：三軒茶屋~下高井戶 總站數：10站 總長度：5.0km ☎03-3477-0109 ⏰約5:15~翌0:52，每5~6分一班車。6:00以前和21:00以後班次較少，約8~10分一班。 💰均一價單程大人￥160，6~12歲兒童￥80。世田谷線散策きっぷ(都電一日乘車券)大人￥380，兒童￥190 ❗在最前門、最後門上車付錢，到站按鈴，兩車廂中間的門下車。大部分車站都是無人站，一日乘車券可以在車上或是少部分站內窗口直接購買。另外SUICA和PASMO也都能使用。 🌐www.tokyu.co.jp/ekitown/sg/

松陰神社前駅
松陰神社

🚶 松陰神社前駅徒步3分　🏠 世田谷區若林4-35-1　📞03-3421-4834　🕐7:00~17:00　💲境內自由，勝守¥1000 🚇
www.shoinjinja.org

　　松陰神社祭祀的是吉田松陰，原址為長州藩的別邸，現在看到的社殿則是建於昭和2年至3年之間。因為松陰先生飽讀詩書，現在許多學子也來這裡購買勝利御守、祈求考試合格，這裡也成為著名的學問之神社。

三軒茶屋駅
Carrot Tower展望台

🚶 三軒茶屋駅徒步1分　🏠 世田谷區太子堂4-1-1 Carrot Tower 26F　📞03-5430-1185　🕐9:30~23:00　🈺每月第2個週三，年末年始

　　位在三軒茶屋駅相通的大樓Carrot Tower樓頂的展望室，是東京難得的免費展望台。東北側可遠望東京都心，這裡設置了咖啡廳，可以選個靠窗的位置坐下來好好欣賞景色；而西南邊則靠向低矮的住宅區，天氣好且能見度高時，還有機會看到富士山呢！

```
SG    SG    SG    SG    東急   SG
05    04    03    02    田都   01
世田谷 松陰  若林  西太   三軒茶屋
      神社前      子堂
```

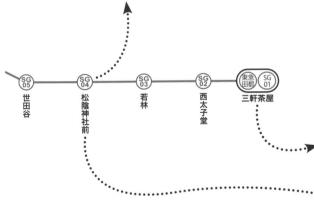

松陰神社前駅
タビラコ

🚶 松陰神社前駅下車即達　📞03-3439-5353　🏠 世田谷區世田谷4-13-20　🕐13:00~20:00　🈺週四　💲咖啡¥500起　🕸tabiraco.jugem.jp

　　位在鐵道旁的小小咖啡店，白淨的牆面、木色桌椅，極度日常的小咖啡廳，提供簡單餐食，櫃台旁設置迷你雜貨區，許多可愛小物讓人愛不釋手。店內也放了不少繪本、書籍，可以隨手取閱，但可別忘了放回原位。

東京迪士尼樂園

東京ディズニーランド／Tokyo Disneyland

充滿夢想與魔法的王國

東京迪士尼度假區區分為東京迪士尼樂園、東京迪士尼海洋兩座園區。東京迪士尼樂園不僅是日本首座迪士尼主題樂園，也是東京迪士尼度假區最早成立的部分。園內一共分為7大主題，有刺激好玩的冒險設施、回味迪士尼經典故事和角色的主題設施，迪士尼明星們的表演秀和精彩華麗的花車遊行更不容錯過，是個不論大人或小孩都能夠盡情享受的歡樂世界。

小熊維尼獵蜜記

Pooh's Hunny Hunt

東京迪士尼樂園內人氣超旺的小熊維尼獵蜜記，入口處就以一本超大的故事書來迎接每一個人，坐上獨特的蜂蜜甕，隨著可愛的小熊維尼和好朋友跳跳虎、咿唷與小豬，一同到維尼居住的百畝森林採集美味可口的蜂蜜吧！

米奇魔法交響樂

Mickey's PhilharMagic

歡迎來到夢幻樂園音樂廳！可愛的米奇在這裡擔任樂團指揮，沒想到正式演出前，幫倒忙的唐老鴨卻鬧出了意外。和唐老鴨一同在混亂中穿越「美女與野獸」、「幻想曲」、「小美人魚」、「獅子王」、「小飛俠」、「阿拉丁」等膾炙人口的迪士尼動畫音樂世界，最後米奇能不能順利的完成演出呢？

失落河三角洲
發現港
美人魚礁湖
神秘島
阿拉伯海岸
地中海港灣
東京迪士尼海洋
美國海濱
東京迪士尼海洋觀海景大飯店
迪士尼大使大飯店

交通資訊

JR舞浜駅：京葉線、武蔵野線
從東京駅搭乘JR，約15分鐘即可到達東京迪士尼度假區所在 的舞浜駅，單程票￥230。

東京迪士尼度假區線
DISNEY RESORT LINE

從不同角度看迪士尼樂園
迪士尼度假區線是逆時針行走的單軌電車，串連度假區內的各大設施，是暢遊園區各處最方便的交通工具。除了可從高處一覽度假區全貌，車內還處處可見米奇的耳朵造型，十分有趣。度假區線的單程票￥260、半票(6-11歲)￥130，另有1~4日車票與回數券。

巴斯光年星際歷險
Buzz Lightyear's Astro Blasters

　在恐怖的札克大王率領下，宇宙最邪惡的壞蛋們竟然一同入侵了！快加入巴斯光年的正義陣營，登上太空遊艇進行維持宇宙和平的任務吧。一邊操縱飛艇，一邊使用雷射槍攻擊敵人、機械兵與札克大王的秘密武器，最後還可以知道自己在宇宙騎兵隊裡的總成績喔！

日間遊行「迪士尼眾彩交融」
Disney Harmony in Color

◆每日17:00開始(依季節調整)，全程約45分。詳細資訊以官網公布為準。

　東京迪士尼度假區以「光鮮色彩揉合而成的美妙世界」為主題，推出全新的「Disney Harmony in Color」日間遊行，華麗無比的嶄新日間盛大遊行。歡迎遊客齊聚陽光灑落的園區共襄盛舉，與米奇等迪士尼明星一同翱遊在夢想與創想巧妙交織的美好世界！

東京迪士尼樂園

卡通城

夢幻樂園

明日樂園

動物天地

世界市集

西部樂園

探險樂園

東京迪士尼樂園大飯店

旅途愉快

伊克斯皮兒莉

©Disney

怪獸電力公司「迷藏巡遊車」
Monsters, Inc. Ride & Go Seek !

　夜深人靜的怪獸電力公司裡，各種怪獸和大家的老朋友阿布、毛怪蘇利文和大眼仔麥克，正準備和遊客們玩一場歡樂的捉迷藏。快登上巡遊車，準備好你的手電筒，一起找看怪獸們到底躲在哪裡吧！

東京迪士尼海洋

東京ディズニーシー／Tokyo DisneySea

大海傳奇的冒險世界

面臨東京灣的東京迪士尼海洋，是一個以大海傳奇為主題的冒險樂園，裡面有7個主題海港。從地中海到美國、從古代文明到未來時空，從魔法神秘國度到歡樂海底世界與秘密基地，帶領大家前往充滿想像力、同時也浪漫十足的海洋國度。

翱翔：夢幻奇航

SOARING FANTASITC FLIGHT

　2019年7月登場的遊樂設施，以「Soarin' Around the World」為原型，並加入嶄新場景，打造僅在東京迪士尼海洋才有的精彩體驗。遊樂設施將以模擬飛行的方式，帶領遊客於空中探訪世界風景名勝。在徐徐清風、淡淡芬芳相伴的旅途中，遼闊壯觀的影像將令人彷彿身歷其境。

失落河三角洲

發現港

美人魚礁湖

神秘島

東京迪士尼海洋

地中海港灣

美國海濱

東京迪士尼海洋觀海景大飯店

玩具總動員瘋狂遊戲屋

Toy Story Mania!

　「玩具總動員瘋狂遊戲屋」以安弟的房間為場景，帶領遊客走進玩具總動員主角們的世界裡。透過3D影像，遊客可以和卡通人物互動，挑戰丟雞蛋、射飛鏢、套圈圈等小遊戲。

海底巡遊艇：尼莫&好友的海洋世界
Nemo & Friends Searider

　　2017年開幕的「海底巡遊艇：尼莫&好友的海洋世界」，以探究神奇海洋為主題，搭乘可縮小成魚兒尺寸的海底巡遊艇，與電影主角尼莫、多莉一起冒險，途中將會遇上什麼奇特的海底生物令人期待，一場大海探險記正式開始！

卡通城

阿拉伯海岸

夢幻樂園

明日樂園

動物天地

東京迪士尼樂園

世界市集

西部樂園

探險樂園

東京迪士尼樂園大飯店

旅途愉快

伊克斯皮兒莉

迪士尼大使大飯店

美人魚礁湖劇場
Mermaid Lagoon Theater

　　在海底王國長眠的沈船就是美人魚礁湖劇場的入口，小美人魚艾莉兒將和同伴們帶來一齣充滿勇氣與友情的精彩歌舞劇「海底世界」。看艾莉兒和海底的同伴如何對抗巫婆烏蘇拉，及彷彿真的置身海中的夢幻光影與精采表演。

東京迪士尼度假區基本資訊
☎ 0479-310-0733　🏠千葉県浦安市舞浜1-1
🕐 最長8:00~22:00(依季節日期有所變動，請隨時上網確認)

票券種類	備註	全票	12~17歲	4~11歲
一日護照	東京迪士尼樂園或東京迪士尼海洋擇一入場	¥7,900~10,900	¥6,600~9,000	¥4,700~5,600
午後護照	週末及例假日15:00後入園	¥6,500~8,700	¥53,00~7,200	¥3,800~4,400
平日傍晚護照	週一~五17:00後入園(目前僅銷售當日票券)	¥4,500~6,200		

🌐 www.tokyodisneyresort.jp/

187

東京旅遊資訊

文·圖／墨刻編輯部

入境免簽

對象：持有效台灣護照者(僅限護照上記載有身分證字號者)。

赴日目的：以觀光、商務、探親等短期停留目的之赴日(如以工作之目的赴日者則不符合免簽證規定)。

停留期間：不超過90日期間。

出發入境地點：無特別規定。

如何前往東京

從台灣要到東京，主要的機場有成田機場與羽田機場。目前成田機場由桃園國際機場與高雄小港機場有直飛，而羽田機場有從台北松山機場與桃園國際機場直飛。

成田機場(NRT)，千葉縣

☎0476-34-8000

🌐www.narita-airport.jp

航空 ＼ 出發	桃園國際機場	高雄小港機場
中華航空(CI)	每天3班	每天1班
長榮航空(BR)	每天3班	每天1班
全日空(NH)	每天3班	
日本航空(JL)	每天3班	每天1班
樂桃航空(MM)	每天1班	
酷航(TR)	每天1班	
台灣虎航(IT)	每天2班	一週4班 (一、三、五、六)

註：其中長榮與全日空聯航

羽田機場(HND)，東京都

☎03-6428-0888

🌐www.tokyo-airport-bldg.co.jp/

航空 ＼ 出發	台北松山機場	桃園國際機場
中華航空(CI)	每天4班	
長榮航空(BR)	每天3班	
全日空(NH)	每天3班	
日本航空(JL)	每天4班	
台灣虎航(IT)		每天1班

註：其中華航與日本航空聯航，長榮與全日空聯航

如何進入東京市區

請參考P16~17。

市區交通

JR

隸屬JR東日本管轄的東京JR鐵道。最有名的就是繞經重要景點的環狀鐵道山手線，另外橫切過山手線圓圈的JR中央線，可以通往三鷹、吉祥寺等地，也是利用度很高的JR鐵路之一。在東京和新宿等大站的各JR線和新幹線，則可以通往東京近郊和更遠的本州各地。(請參考P9)

東京Metro

和都營地下鐵都屬於地下鐵系統的東京Metro，在東京市區內一共擁有9條線路，集中在山手線所圍起的圈圈內，是串聯都心交通最方便的地鐵線路。推出的一日乘車券可在當天不計次數搭乘，使

航空公司快速指南

航空公司	電話	網址
中華航空(CI)	訂位電話02-412-9000	www.china-airlines.com
長榮航空(BR)	訂位電話02-2501-1999	www.evaair.com
國泰航空(CX)	訂位電話02-7752-4883	www.cathaypacific.com
全日空(NH)	訂位電話02-2521-1989	www.ana.co.jp
日本航空(JL)	訂位電話02-8177-7006	www.jal.co.jp/
聯合航空(UA)	訂位電話02-2325-8868	www.united.com
酷航(TR)	02-7753-5370	www.flyscoot.com
台灣虎航(IT)	02-7753-1088	www.tigerairtw.com/zh-tw/

用度也很高。(請參考P9~10)

都營地下鐵

包含淺草、大江戶、三田和新宿4條路線,以整體印象來說,都營線串連著比較古老、氣氛有所不同的東京下町區域,也連接不少東京Metro和JR都未及的地點。(請參考P10)

其他

包括知名度很高的百合海鷗號、都電荒川線、日暮里・舍人Liner、東京單軌電車,和小田急、西武、東武、東急、京成、京王等私鐵,以及公營、新交通系統和單軌電車路線。這些鐵路提供前往特定區域或東京近郊的交通,可由JR山手線各站轉乘。(請參考P10~11)

票券基本介紹

一般車票

車站裡都有自動售票機和可以購票的窗口,可以直接購票進站。

儲值票

包括JR推出的SUICA和東京Metro推出的PASMO,就是類似捷運悠遊卡一樣以儲值扣款方式使用的票,優點是它可以跨路線使用,換言之只要擁有一張卡,就可以不用再煩惱跨線搭乘的問題。SUICA和PASMO除了圖案之外,功能和使用範圍幾乎完全一致。(請參考P14)

優惠票

東京Metro、JR、都營等系統均有推出一日券或跨系統的一日券,可在使用當天無限次搭乘,也是經過行程規劃後真正可以省到交通費的票券。(請參考P15)

基本情報

國名: 日本

正式國名: 日本國

語言: 日語

宗教: 以信神道教者佔最多數,其次為佛教、基督教、天主教等。

地理環境: 位於東北亞的島國,由四大島:北海道、本州、四國、九州及許多小島組成,西濱日本海、朝鮮海峽、中國東海,東臨太平洋,主島多陡峭山脈和火山,本州是最大主島,沿海為狹窄平原。

時差

比台北時間快1個小時

氣候

春(3、4、5月):

氣溫已開始回升,但仍頗有寒意,有時氣溫仍在10度以下,早晚溫差大,需注意保暖。3月底~4月初是賞櫻季節,也是觀光人潮最多的時候,無論是訂機位或是訂房,最好提前1~2個月預訂較為保險。

夏(6、7、8月):

夏天甚為悶熱,攝氏30度以上的日子不少,7月下旬~8月初甚至可能超過35度。夏天在各地都有許多傳統祭典及煙火大會,更添遊興。

秋(9、10、11月):

涼爽怡人,薄外套、針織毛衣即可應付。11月進入

東京周邊的賞楓季節，奪目的紅葉為現代城市染上詩意。

冬(12、1、2月)：

　冬天的氣溫跟台灣北部一樣嚴寒，但是偏乾冷，寒流來時甚至會在攝氏零度左右，保暖防風的衣物不可少。東京市區內很少下雪，只會偶爾因寒流而輕輕飄雪，路面不會形成嚴重的積雪狀況。

國定假日

1月1日	元旦
1月第2個週一	成人之日
2月11日	建國紀念日
3月20日或21日	春分之日
4月29日	昭和之日
5月3日	憲法紀念日
5月4日	綠之日
5月5日	兒童之日
7月第3個週一	海洋之日
8月11日	山之日
9月第3個週一	敬老之日
9月22日或23日	秋分之日
10月第2個週一	體育之日
11月3日	文化之日
11月23日	勤勞感謝日
12月29~31日	年末休假

習慣

　日本的一般商店街和百貨公司，除了特賣期間，通常都從早上11點左右營業到晚間7點到8點之間。行人行走方向是靠左行走，車輛行進方向也與台灣相反。

貨幣及匯率

匯率：台幣1元約兌換日幣4.6圓

通貨：日幣(¥、円)。日幣紙鈔有1千、2千、5千及1萬圓，硬幣則有1、5、10、50、100及500圓。

兌換

　出發前記得在國內先兌換好日幣，雖然各大百貨公司及店家、餐廳等都可使用信用卡，但是像購買電車票、吃拉麵、買路邊攤、住民宿等，都還是會用到現金。國內各家有提供外匯服務的銀行都有日幣兌換的服務，桃園國際機場、松山機場內也有銀行櫃台可快速兌換外幣。此外，有些車站有「外貨両替專門店」，在上班時間提供有千元台幣整鈔兌換成日幣的服務。

消費稅／退稅

　日本的消費稅已在2019年10月從原本的8%調漲至10%。購物、車票、門票等也都會跟著漲價，但日

本政府也提供配套措施，例如在購買食品或飲料(不包含酒類)、用餐，內用需收10%消費稅，外帶則維持8%消費稅。針對觀光客的退稅政策，2018年7月以後降低門檻，不分一般品、消耗品，只要同一天在同一間店裡消費達日幣5,000以上、50萬以下，就可以享受退稅。

另外，在消費之前，需注意其標價是為稅前(稅抜き)或稅後(稅込み)，一般常見的都為稅後價格，但像DAISO等百元商店通常都是指稅前價。

ⓦtax-freeshop.jnto.go.jp

項目	退稅條件
可退稅的對象	短期訪日的外國旅客(台灣護照的觀光簽證為90天)，在日本工作或在日停留超過6個月的外國人不能享受免稅服務。此外，必須在購物後的30天內出境。
可退稅的店家	貼有「Japan. Tax-free Shop」貼紙的商家，日本全國目前約有近 29,000 間商家、電器賣場與百貨等適用，且持續增加中。店家查詢：tax-freeshop.jnto.go.jp/eng/locator.php?view=map
可退稅的商品類型	(1)消耗品：食品、藥品、化妝品及飲料等(2)一般商品：家電、服飾、包包等非消耗品退稅的商品需在30天帶出境，且食品、藥品、化妝品等消耗性物品需保持包裝完整，不可開封，開封使用的話即不可退稅。
購買金額	消耗品，須同一人在同天同店內購買金額未稅前超過日幣5000元至50萬元(含)之間。一般商品，須同一人在同天同店購買金額未稅前超過日幣5000元(含)。

小費

日本當地消費無論用餐或住宿，都不用額外給小費，服務費已內含在標價中。

用餐

除了小餐館、路邊攤和投幣拿券式的拉麵店等小商家只能使用現金，大部份的地方可以刷卡(門口會有可否刷卡的標示)。一般店家都在店門附近擺放料理模型，可以按照模型選擇。不少大型居酒屋也都推出圖文並茂的菜單，讓不會日文的外國朋友可以按圖點餐。

購物

日本的大折扣季是在1月和7月，每次約進行1個半月的時間，跟台灣一樣會折扣愈打愈低，但貨色會愈來愈不齊全。1月因逢過年，各家百貨公司和商店都會推出超值的福袋。

電話

投幣話機可使用￥10、￥100，或是使用可以撥打國際電話的國際電話卡。能撥打國際電話的公用電話越來越少，請特別注意。

◎打回台灣的國際電話

例：010→886→＊(區碼)→＊＊＊＊→＊＊＊＊
日本國際碼→台灣國碼→區域號碼-受話號碼

◎打回台灣的行動電話

例：010→886→9＊＊→＊＊＊＊→＊＊＊
日本國際碼→台灣國碼→受話行動電話號碼

手機通訊

台灣行動電話雖和日本系統不同，但目前手機已可在日本漫遊。

電源

電壓100伏特，插頭為雙平腳插座。如果筆電的電源線為三孔插座的話，記得要帶轉接頭，以免到日本後無法使用。

各項諮詢服務處

旅遊服務中心(TIC)

可索取地圖、住宿及觀光交通等資料，講英文或中文都可以通喔！

TIC東京

⌂東京都千代田區丸之內1-8-1
🕙10:00~19:00
☎03-5220-7055

成田國際機場旅遊服務中心

⌂成田國際機場第一航廈B1F、第二、三航廈B1F
🕙8:30~19:00，二、三航廈~20:00

信用卡掛失

VISA信用卡國際服務中心：00531-44-0022
MasterCard信用卡國際服務中心：00531-11-3886
JCB日本掛失專線：1-213-6888-00941
美國運通日本掛失專線：03-3586-4757

台北駐日經濟文化代表處

遭遇到任何問題與麻煩，如護照遺失、人身安全等，可與辦事處連絡。

⌂東京都港區白金台5-20-2
☎03-3280-7811
🕙週一到週五9:00~17:00
🚇JR目黑駅徒步10分，或從Metro南北線、都營地下鐵三田線白金台駅1號出口徒步5分。

日本觀光協會台灣事務所

備有日本各地的觀光地圖、手冊與資料，也提供旅遊諮詢等。

⌂台北市松山區慶城街28號通泰商業大樓
☎02-2713-8000

國家圖書館出版品預行編目資料

東京地鐵地圖快易通. 2023-2024/墨刻編輯部作. -- 初版. -- 臺北市：墨刻出版股份有限公司出版：英屬蓋曼群島商家庭傳媒股份有限公司城邦分公司發行, 2023.08
192面 ; 18.3×24.2公分. -- (地圖隨身GO；78)
ISBN 978-986-289-898-7(平裝)
1.CST: 火車旅行 2.CST: 地下鐵路 3.CST: 旅遊地圖 4.CST: 日本東京都
731.72609   112011092

作者
墨刻編輯部

攝影
墨刻攝影組

編輯
陳楷琪

美術設計
董嘉惠 (特約) · 羅婕云

地圖美術設計
墨刻編輯部

出版公司
墨刻出版股份有限公司
地址：115台北市南港區昆陽街16號7樓
電話：886-2-2500-7008
傳真：886-2-2500-7796
E-mail：mook_service@cph.com.tw
讀者服務：readerservice@cph.com.tw
墨刻官網：www.mook.com.tw

發行公司
英屬蓋曼群島商家庭傳媒股份有限公司城邦分公司
地址：115台北市南港區昆陽街16號8樓
電話：886-2-2500-7718   886-2-2500-7719
傳真：886-2-2500-1990   886-2-2500-1991
城邦讀書花園：www.cite.com.tw
劃撥：19863813
戶名：書虫股份有限公司

香港發行所
城邦(香港)出版集團有限公司
地址：香港九龍土瓜灣土瓜灣道86號順聯工業大廈6樓A室
電話：852-2508-6231
傳真：852-2578-9337

馬新發行所
城邦(馬新)出版集團 Cite (M) Sdn Bhd
地址：41, Jalan Radin Anum, Bandar Baru Sri Petaling, 57000 Kuala Lumpur, Malaysia.
電話：(603)90563833
傳真：(603)90576622
E-mail：services@cite.my

製版 · 印刷
凱林彩印股份有限公司

經銷商
聯合發行股份有限公司（電話：886-2-29178022）
誠品股份有限公司
金世盟實業股份有限公司

城邦書號
KA2078

定價
360元

ISBN
978-986-289-898-7 · 978-986-289-902-1（EPUB）
2023年8月初版　2024年6月二刷

首席執行長　Chief Executive Officer
何飛鵬　Feipong Ho

生活旅遊事業總經理暨墨刻出版社長　PCH Group President & Mook Managing Director
李淑霞　Kelly Lee

總編輯　Editor in Chief
汪雨菁　Eugenia Uang

資深主編　Senior Managing Editor
呂宛霖　Donna Lu

編輯　Editor
趙思語 · 唐德容 · 林昱霖 · 李冠瑩
Yuyu Chew, Tejung Tang, Lin Yu Lin, Mao Li

資深美術設計主任　Senior Chief Designer
羅婕云　Jie-Yun Luo

資深美術設計　Senior Designer
李英娟　Rebecca Lee

影音企劃執行　Digital Planning Executive
邱茗晨　Mingchen Chiu

資深業務經理　Senior Advertising Manager
詹顏嘉　Jessie Jan

業務經理　Advertising Manager
劉玫玟　Karen Liu

業務專員　Advertising Specialist
程麒　Teresa Cheng

行銷企畫經理　Marketing Manager
呂妙君　Cloud Lu

行銷企畫主任　Marketing Supervisor
許立心　Sandra Hsu

業務行政專員　Marketing & Advertising Specialist
呂瑜珊　Cindy Lu

印務部經理　Printing Dept. Manager
王竟為　Jing Wei Wan